支付清算文集

（2019 年第 3 辑　总第 3 辑）

中国人民银行清算总中心　编

中国金融出版社

责任编辑：曹亚豪
责任校对：潘　洁
责任印制：张也男

图书在版编目（CIP）数据

支付清算文集．2019 年第 3 辑：总第 3 辑 / 中国人民银行清算总中心编．—北京：中国金融出版社，2020.3
ISBN 978－7－5220–0505–8

Ⅰ．①支…　Ⅱ．①中…　Ⅲ．①支付方式—中国—文集　Ⅳ．①F832．6–53

中国版本图书馆 CIP 数据核字（2020）第 032208 号

支付清算文集
Zhifu Qingsuan Wenji
出版
发行　中国金融出版社
社址　北京市丰台区益泽路 2 号
市场开发部　（010）66024766，63805472，63439533（传真）
网 上 书 店　http：// www. chinafph. com
（010）66024766，63372837（传真）
读者服务部　（010）66070833，62568380
邮编　100071
经销　新华书店
印刷　北京侨友印刷有限公司
尺寸　185 毫米 ×260 毫米
印张　6.75
字数　120 千
版次　2020 年 3 月第 1 版
印次　2020 年 3 月第 1 次印刷
定价　30. 00 元
ISBN 978 –7 – 5220 – 0505 – 8
如出现印装错误本社负责调换　联系电话（010）63263947

编辑委员会名单

Contents 目 录

标准化建设助力金融高质量发展

李 伟

我国金融标准化事业为服务改革而生，经历二十余年的快速发展，目前已进入新的历史时期，在金融高质量发展过程中发挥越来越重要的作用。

一、我国金融标准化发展迅速

纵观国际和国内标准化发展历史，金融标准化与其他行业的标准化进程相比起步比较晚。国际标准化组织（ISO）于1947年成立，同年成立机器零件、食品、纺织、化工等67个技术委员会；但直到25年后的1972年，金融服务技术委员会才作为ISO第68个技术委员会成立。我国第一个全国性标准化组织是1978年成立的全国电压电流等级和频率标准化技术委员会；直到13年后的1991年，全国金融标准化技术委员会才作为第180个全国性的标准化组织成立。尽管如此，在金融管理部门、金融机构的共同努力下，在国家标准化管理部门的大力支持下，我国金融标准化建设行稳致远，成效显著，为我国金融业健康发展作出了积极贡献。

初步形成适应新时代金融发展需要的制度，金融标准正在从专业技术向专业技术与金融治理相融合转变。2017年，人民银行建立健全金融标准化协调推进机制，加强金融标准顶层设计，会同金融监管部门、国家标准委联合发布《金融业标准化体系建设发展规划（2016—2020年）》，明确了“十三五”时期金融标准建设蓝图和发展路径。

初步形成适应新时代金融发展需要的新型标准体系，金融标准正在从政府单一供给向“政府＋市场”多元供给转变。新型金融标准体系由政府主导制定的强制性金融国家标准、推荐性金融国家标准、推荐性金融行业标准和由市场自主制定的金融团体标准、金融企业标准组成。截至2018年底，现行有效推荐性金融国家标准67项、金融行业标准247项，涵盖了通用基础标准、产品与服务标准、基础设施（信息技术）标准、统计标准、监管与风险防控标准五大类。与此同时，金融团体标准也在逐步制定并颁布实施，中国互联网金融协会、中国支付清算协会、中国银行业协会、中国保险行业协会等积极开展团体标准制定。

初步形成深度参与国际金融标准化活动的局面，金融标准正在从跟踪研究向实质参与转变。截至目前，我国已推荐72名ISO注册专家加入了24个ISO标准制修订工作组，深度参与法定数字货币安全、ISO 20022语义模型、金融服务中基于Web服务的应用程序接口（WAPI）等标准的编制，在银行产品服务说明书描述规范、非银行支付信息系统安全、资本市场交易结算等多项ISO/TC68框架下的金融国际标准的制定中发挥主导作用。由中国外汇交易中心主导开发的ISO 20022外汇业务报文，实现了我国金融业首次主导研制国际报文的零突破。人民银行数字货币研究所担任国际电信联盟（ITU）法定数字货币焦点组副主席，正在主导法定数字货币生态系统及参考架构的相关研究及标准化工作。

初步形成政府引导、市场驱动、社会参与、协同推进的金融标准化工作氛围，金融标准正在从“封闭做标准”向“开放做标准”转变。人民银行把“金融标准+检测认证”作为金融领域落实“放管服”改革的重要手段，积极支持金融标准服务业发展。金融国家标准通过国家标准委网站全文公开，金融行业标准通过金标委网站全文公开，受到社会各界关注。建立健全非银行支付机构、移动金融、人民币现金机具、银行营业网点等金融标准检测认证体系，通过检测认证推动重点金融标准的落地实施。依托每年9月的全国“质量月”和“普及金融知识月”平台，开展相应的金融标准宣传活动。

经过各方共同努力，我国金融标准化取得了初步成效，在金融业高质量发展过程中的作用日益显著。但同时也应该看到，我国金融标准化工作还存在诸多不足，比如，金融标准供给不平衡、不充分的问题依然存在；标准质量不高，标准落地不够，实施效果有待进一步发挥；国际化水平也有待进一步提高。

二、正确认识金融标准的作用

互联互通作用。在支付清算、托管结算、金融市场交易等金融市场基础设施建设之初，都是标准先行，各方按照统一的规范开发系统，通过联调联测最终实现系统互联互通。大量国际标准和国家标准在中国银联、中国人民银行清算总中心等金融基础设施中的应用，提高了我国支付系统的运行效率和互联互通水平。以 ISO 20022 报文国际标准为例，人民银行运行的大额支付结算系统（RTGS）是全球第一个全面使用 ISO 20022 报文的 RTGS。如果没有这些标准，那么系统的互通性就无法保障，难以很好地发挥基础设施的中枢作用。

创新推广作用。无论从理论角度还是实践角度分析，金融标准与金融创新都是相互促进的关系，标准不会限制和阻碍创新。从法律层面来讲，2018 年 1 月 1 日起实施的新标准化法，将“提升产品和服务质量，促进科学技术进步”列为推行标准化工作的目的，发挥标准对促进转型升级、引领创新驱动的支撑作用。金融标准是平衡金融创新和金融风控的有效手段，是推广创新的桥梁和促进创新的保障。以移动支付为例，移动支付技术源自发达国家，但在中国却取得了快速发展，能够做到风险可控，其中一个重要原因是我们对移动支付采取“包容审慎”的监管原则，而标准在其中就发挥了重要作用。2012 年至今，我国围绕移动支付、非银行支付发布了约 50 项金融标准，涵盖标识编码、安全规范、接口要求、受理终端、支付应用、联网联合、检测规范等各个环节。同时，采用“金融标准 + 检测认证”方式，规范事前准入、事中监管，推动清算机构、银行、非银行支付机构、芯片厂商、终端厂商、商户等整个产业链实施相关标准，构建良好生态，保障移动支付的健康快速发展。

风险管理作用。金融标准是金融监管措施的有效补充。银行营业网点服务规范、不宜流通人民币规范、人民币现金机具鉴别能力技术规范、金融消费者投诉分类及编码规范、金融信息系统等级保护规范等金融国家和行业标准，在保护金融消费者权益、保障人民财产安全、确保金融信息系统和网络安全等方面发挥了重要作用。

三、新时代对金融标准化提出了新要求

目前，我国经济进入高质量发展阶段。习近平总书记强调，“标准决定质量，有什么样的标准就有什么样的质量，只有高标准才有高质量。”这也对未来金融标准化的发展提出了新要求。

金融创新高质量需要金融标准进一步发挥作用。近年来，随着金融科技的迅

猛发展，以互联网金融为代表的金融业态日新月异，金融产品和服务创新层出不穷，在提高金融市场运行效率、促进金融产品服务普惠的同时，也带来了风险和隐患，对金融治理提出了更高要求，需要正确处理好标准与创新之间的关系，使标准更好地支持金融治理应对金融创新带来的挑战。

金融市场扩大开放需要金融标准进一步发挥作用。当前，我国金融市场对外开放的步伐显著加快。比如，我国银行卡清算市场有序开放，已经批准筹建中外合资的银行卡清算服务组织，外资金融机构也会相继加快进入中国市场的步伐。金融标准要紧跟我国金融市场开放的步伐，坚持“引进来、走出去”，做好国内外标准的转化，支持我国金融业双向开放。

金融风险防控需要金融标准进一步发挥作用。由于金融服务产品以往局限在一个机构内部完成设计、生产和销售，没有社会化生产的背景，所以金融服务标准化理念和意识存在不足。随着金融业持续发展，特别是金融科技的兴起，金融服务产品突破单一机构局限，设计、生产和销售可由不同机构分担，要穿透不同环节识别金融服务产品属性，迫切需要标准化手段，需要尽快建立完备的金融产品标准体系，规范金融产品的设计、生产、销售的全链条，同时积极落实新标准化法，推动金融企业开展产品标准“自我声明”。

四、推动我国金融标准化事业再上新台阶

金融标准化工作要紧紧围绕服务实体经济、防控金融风险、深化金融改革三大重点任务，坚持新发展理念，在金融改革发展的重点、难点和热点领域发挥基础、支撑和引领作用。

一是强化金融标准供给。持续推动金融国家标准、行业标准、团体标准、企业标准协调发展。加快制定金融科技、监管科技和金融产品标准，建立金融业综合统计、绿色金融、普惠金融等标准体系。

二是狠抓金融标准实施。坚持标准为民，把人民币机具标准、银行网点服务标准等与人民利益密切相关的先行标准放在推动实施的首位。除了“利民”标准，也要加快实施与企业发展息息相关的“利企”标准，从行业管理和安全管理的角度，推动标准在各方面的落地。同时，在实施的过程中不断积累经验，建立“规划—制定—实施—修订”相协调的金融标准化全生命周期工作机制。

三是“引进来”和“走出去”并重。积极引进国际先进标准，同时推动我国的优势标准、特色标准“走出去”。要加大对国际标准制定的参与，大力推动我国金融标准在“一带一路”沿线国家应用。在“走出去”过程中，要积极克服国际化人才不足、国际同行认可不够等因素的阻力，建立我国金融标准国际化发展的长效机制。

四是大兴调查研究之风。标准不是一成不变的，新形势的变化、新技术的应用都会给标准带来影响。要深入调研，及时了解新技术应用对标准的影响，协调政、产、学、研各方开展相应的研究工作。

五是夯实金融标准化基础。进一步优化金标委各分技术委员会和专项工作组布局，培养壮大金融标准化人才队伍，完善金融标准化信息共享和协同工作平台，强化金融标准化基础能力建设。

（作者系中国人民银行科技司司长）

支付清算系统自主建设之路

贝劲松

1990年5月9日，中国人民银行清算总中心（以下简称清算总中心）正式成立。近三十年来，作为支付清算系统的建设者和运行者，清算总中心与我国支付清算系统共成长，实现了从参与建设、学习借鉴到自主建设、完全掌握支付系统核心技术的飞跃。

一、确立“以我为主”发展战略

20世纪90年代后期，我国通过引进国际先进理念和清算模式，开启了建设现代化支付系统的探索之路。2000年10月12日，人民银行党委作出“调整定位，借鉴吸收，完善需求，以我为主，加快中国现代化支付系统建设”的决定。当时人民银行在支付系统建设的规划方案、系统集成和工程组织管理上能够做到“以我为主”，但在支付系统应用软件开发方面却面临诸多挑战。

二、由参与开发向“以我为主”迈进

为降低支付系统应用开发难度、缩短开发周期，人民银行采取分期建设、逐步完善的策略：先开发建设大额支付系统，再开发建设小额支付系统，先实现支付系统的核心功能，在核心业务上线运行之后再逐步丰富和完善。

清算总中心负责系统集成、运行环境准备、设备招标采购，参与应用开发，组织技术测试、试运行和推广等工作，任务十分艰巨。为了高效完成任务，清算总中心成立了支付系统项目管理组，又抽调各部门主要技术和管理人员设立综合、网络、安全、采购、工程实施、开发和技术接收7个工作小组，齐头并进开展各项工作。2001年，清算总中心与支付系统应用软件开发方深圳金融电子结算中心签订了《中国现代化支付系统应用软件开发框架协议》，派出多批科技人员全程参与开发工作，加强对支付系统核心技术的学习和掌握。2002年，人民银行成立支付系统工程总体管理组，由清算总中心牵头组建。支付系统工程总体管理组在人民银行相关司局的领导下承担工程实施的计划管理、项目监督、组织落实、协调联络等具体工作。2002 年 10 月 8 日，大额支付系统在北京、武汉投产试运行，取得圆满成功。大额支付系统采用逐笔发送支付指令、全额清算资金的新模式，标志着中国现代化支付系统建设取得突破性进展。

小额支付系统负责为金融机构提供低成本、大业务量、多功能的支付清算服务，资金批量轧差净额清算，是中国现代化支付系统的重要组成部分。2005 年 11 月，小额支付系统上线试运行，中国现代化支付系统功能得到进一步丰富和完善。

清算总中心坚持不懈、努力加强支付系统开发能力建设。2003 年，清算总中心将计算机部与通信部重组，设立开发部、工程部和运行部，进一步明确和强化支付系统开发、建设和运行管理的职责定位；同时通过引进人才、引入开发机制等多项措施，不断提升自主开发能力。2004 年，人民银行启动支付系统国家处理中心（National Processing Center，NPC）应急备份中心建设工作，清算总中心承担了 NPC 应急备份系统软件开发、系统集成在内的所有建设任务。2005 年，NPC 应急备份中心建成并顺利实现切换运行。NPC 应急备份系统软件是清算总中心开发部成立后自主开发的第一个较大型应用软件，是清算总中心在支付清算系统自主建设之路上迈出的重要一步。2006 年，小额 NPC 与小额 NPC 应急备份中心成功实现切换运行，提高了支付系统防范风险的能力。

三、加快自主建设，实现“以我为主”

2006 年 6 月，清算总中心在开发部基础上组建支付系统开发中心。2006—2009 年，清算总中心以“一年建设一个全国性系统”的节奏相继完成全国支票影像交换系统、境内外币支付系统、电子商业汇票系统的自主开发和建设，满足了不同时间、金额、币种的跨行清算和使用多种支付工具进行资金结算的需求，人民银行支付清算系统体系基本形成。

2006年，根据人民银行加快建设支票影像交换系统的工作部署，清算总中心仅用半年时间就实现了应用软件定版并于当年建成投产。系统建成后，实现了支票全国流通，提高了支票交换效率。2008年，境内外币支付系统全面建成，相继开通港元、英镑、日元、欧元、瑞士法郎、加拿大元、澳大利亚元、美元8个币种的支付业务，满足了国内对多个币种的支付需求，提升了结算效率和信息安全。2009年，电子商业汇票系统成功上线，推动票据业务电子化。2010年，清算总中心以“一次到位”的方式完成汇票系统的全国推广工作，共涉及全国32个城市处理中心、316家上线机构、2万多家新增系统参与者、31家副省级以上人民银行再贴现机构的上线部署和组织协调，展示了卓越的工程实施能力。上述三个业务应用系统均由清算总中心自主开发建设并拥有自主知识产权。与此同时，根据支付清算系统应急备份系统建设的相关要求，清算总中心自2004年起先后自主开发了大额和小额支付系统、全国支票影像交换系统、境内外币支付系统和支付管理信息系统等5个应急备份系统软件，自主完成了系统集成和工程实施等建设任务。2008年经过更新改造，进一步实现了支付清算系统应急备份中心的系统体系结构与国家处理中心基本同构，使应急备份中心完全具备异地备份和应急恢复能力。

至此，清算总中心不仅具备规划方案设计、系统集成、工程实施的能力和经验，在支付系统应用开发上也实现了“以我为主”，承担支付系统建设任务的关键能力和整体水平都有了质的提升。

四、支付清算系统自主建设取得丰硕成果

2008年，清算总中心参与了人民银行相关司局组织的第二代支付系统建设构想、业务需求书等编写工作，对关键业务和技术问题进行了全面梳理和深入研究。2009年底，中国人民银行决定启动第二代支付系统建设，由清算总中心自主开发建设并有序实施。第二代支付系统是适应新兴电子支付发展需要的新一代支付系统。与上一代相比，其功能更完善、架构更合理、技术更先进、管理更简便。

清算总中心成立第二代支付系统技术总体方案编写组、工程实施组、应用软件开发项目组和网络建设项目组，并行开展和推进各项工作。其中应用软件开发项目组共完成1套报文交换标准、3大类应用、17个应用子系统、53个软件产品的开发任务，标志着清算总中心全面掌握了支付系统的应用开发技术，支付系统建设彻底实现了从“以我为主”向“自主开发”的跨越。2013年10月8日，第二代支付系统成功在新建支付系统国家处理中心上线运行，清算总中心完全掌握

第二代支付系统开发技术，拥有第二代支付系统应用软件产品自主知识产权，具备了从基本建设到系统集成、从应用开发到工程实施管理的自主建设能力。

为顺应和支持网上支付业务迅速发展的需要，加快实现商业银行网上银行业务系统的互联互通，人民银行决定将网上支付跨行清算系统（以下简称网银系统）作为第二代支付系统的先导项目在2009年11月优先启动。2010年8月，网银系统上线试运行取得成功，标志着第二代支付系统建设取得重要的阶段性成果，是我国金融信息化、电子化进程中的又一个重要里程碑。网银系统上线以来，功能不断丰富和优化。2017年，移动支付功能上线，新增借记业务二维码扫码支付，增加借记业务、第三方贷记业务、签约管理业务短信验证码认证，提供实时账户信息查询等服务。2019年，手机号码支付业务上线，支持通过手机号码实现快速支付，进一步简化银行转账流程，提升用户支付体验。

人民币跨境支付系统（CIPS）是为境内外机构之间人民币跨境支付业务提供资金结算服务的应用系统。CIPS（一期）和CIPS（二期）分别于2015年10月和2018年5月投产，构建了推进人民币国际化的“高速公路”，为进一步完善我国支付清算网络、服务国家“一带一路”倡议、支持人民币全球化发展发挥了积极的作用。CIPS建设充分利用国产软硬件设备，在国内首次使用SM2国产密码算法（国家密码管理局于2010年12月17日发布的椭圆曲线公钥密码算法），统一了SM2国产密码算法实现标准，为国家金融基础设施安全自主可控提供了保障。

随着自主建设脚步的不断迈进，支付清算系统的功能不断完善、业务种类更加丰富、应用场景不断增加，银行与非银行支付机构统筹兼顾，传统支付方式与互联网支付、移动支付等新兴支付方式统筹兼顾，国内与国外统筹兼顾，本币与外币统筹兼顾的支付清算体系逐渐形成。

五、在自主建设的道路上继续前行

回顾支付清算系统的自主建设之路，人民银行党委作出的“以我为主，加快支付系统建设”决定为我国支付清算体系的健康快速发展奠定了基础，保障了支付清算系统作为我国重要金融基础设施的自主可控。

清算总中心在发展过程中，坚决落实人民银行党委的决策与部署，不断加强支付系统研究开发工作，持续增强支付系统开发建设能力，为实现“以我为主，加快支付系统建设”提供了重要动力。一方面，通过成立支付系统开发中心，运用市场机制，壮大开发队伍，开展技术研究，加强对开发过程管理、质量控制等“软实力”方面的建设，全面提升开发能力；另一方面，通过建设支付系统研发实验室、基准测试实验室与接入测试实验室，持续加大“硬实力”方面的建设力度，为预研、开发、测试等技术工作提供更加有力的支持。

随着信息技术和金融科技的广泛应用，支付清算领域的新业态、新产品将层出不穷，提升效率和保障安全将成为支付清算行业和监管机构共同面对的新课题。未来，清算总中心将继续开发建设更加安全可控的核心交易系统，不断满足经济金融社会生活发展变化的新需求；继续坚持“以我为主和自主建设”的使命担当，坚定推进架构转型和基础研究工作，努力在更基础、更深层的支付清算系统核心技术上实现自主可控，将我国支付清算关键基础设施的核心技术牢牢掌握在自己手中，在自主建设的道路上走得更加稳健。

（作者系中国人民银行清算总中心主任）

高效支付保障金融安全

董俊峰

网联清算平台作为国家金融基础设施的重要组成部分，应运而生于我国网络支付发展的澎湃潮头，立足于行业革新发展的航道起点，见证着支付领域跃进的脉搏，也是我国经济社会高速发展和持续深化改革的缩影写照。

未来网联将坚持金融基础设施中立定位，发挥中枢优势，遵循“守正、安全、普惠、开放”原则，秉持“共建、共有、共享”理念，行稳致远、砥砺前行，立足民生，服务大局，保障支付体系平稳运行，维护国家金融安全，发挥清算机构的行业组织协调和资源整合作用，激发多层面的创新驱动潜能，强化金融科技和监管科技赋能，助力深化改革和实体经济发展，携手支付行业实现持续健康共赢发展，增强人民生活幸福感，让信任与价值互联，让支付更美好。

一、以满足人民对美好生活向往为奋斗目标

近年来，伴随着中国改革开放推动社会、经济高速发展，互联网时代涌现流量红利，金融科技浪潮激发产业代际革命，我国支付行业，特别是网络支付市场进入创新变革、快速发展的兴盛期。在推动电子商务、共享经济等创新业态发展、提升经济社会运行效率、满足人民对美好生活的向往等方面发挥了显著作用。

但同时，行业内也存在支付机构自建跨行转接清算平台，与银行多头直连，导致海量资金监控困难，交易信息碎片化、孤岛化，系统重复建设带来资源成本抬升，规则标准无法统一制约行业运行效率，以及市场生态不平衡等问题，对金融乱象的滋生蔓延起到诱发助推作用，危及金融消费者权益，阻碍行业良性发展，蕴含系统性风险隐患。

在此背景下，2016 年，国务院印发《互联网金融风险专项整治工作实施方案》，针对第三方支付明确规定，非银行支付机构开展跨行支付业务应通过合法清算机构进行。为此，在人民银行指导下，中国支付清算协会联合全行业的力量，按照“共建、共有、共享”原则，以市场化、商业化模式组建网联平台这一

全新的国家级金融基础设施，主要为涉及银行账户网络支付业务提供转接清算服务。网联平台也通过完成一项项重要的建设运行任务，为支付行业健康持续发展提供了纽带和支撑：

一是高效完成平台建设。网联平台于2016年10月由人民银行正式批复筹建，市场机构派出行业专家共同参加建设，并贡献成熟技术产品和经验。2016年12月，平台技术方案通过人民银行组织的行业权威专家评审。2017年3月底，网联平台上线试运行，并于6月底开始实际场景业务切量。二是运营实体正式成立。2017年8月底，网联清算有限公司注册成立，近40家支付市场机构参股出资，立足现代公司治理机制，积极发挥市场力量，充分倚重行业共治，以创新模式运营管理重要金融基础设施。三是平台性能充分检验。网联平台会同全行业建立联合运维及应急机制，保障春节、6·18、“双十一”等特殊时段支付高峰交易。2018年11月11日当天，网联平台牵头顺利完成重保任务，保障支付体系平稳运行，处理跨机构交易共计11.7亿笔，相应交易处理峰值超过9.2万笔/秒，平台性能得到实际场景充分检验。四是规范改革政策落地。2019年1月，按照人民银行部署要求，网联平台会同全行业共同完成“断直连”政策落地，相关支付交易全部通过合规清算机构处理。同时，基于网联平台前置系统，配合支付机构备付金集中存管政策落实。支付行业至此进入规范发展新阶段。

截至2019年底，网联平台连接3300余家商业银行（含2900余家农村金融机构），搭建1100余条专线，开通5.4万个线程，累计处理业务突破3000亿笔，日均处理交易规模超过10亿笔，按交易笔数计，已成为全球最大清算体。

同时在技术层面，为了支撑中国网络支付行业领先全球的海量交易规模和高并发交易峰值，网联平台全面采用先进的分布式云架构系统，在北京、上海、深圳3地6数据中心多点多活，实现平台系统高性能、高可用、高安全、高扩展、高可控、高一致性等全面高标准。目前，网联平台的系统规模和性能在全球清算基础设施中也具备先进性，受到国际各方高度关注。同时，网联平台也是我国首个采用新系统架构建设的清算系统，更广泛来看，网联平台的建设运行也为国家传统金融体系的系统架构转型提供了良好的先行案例。

二、以服务防范化解金融风险为根本遵循

金融基础设施是金融市场正常运转的核心和根基，特别是国际金融危机之后，国际上更加重视金融基础设施在系统性风险防控中的作用。结合我国网络支付行业发展的特性和现状，网联的建设运行无论对于市场自身的资源配置优化和生态格局完善，还是宏观层面的金融稳定和有效管理都有重要且深远的作用和价值。

优化资源配置，提升支付体系效率性能。网联平台的建成运行，为支付机构提供了统一、公共的资金清算服务，同时统一了业务规则、接口标准、报文规范，在对账、差错、争议和运维等方面建立了中心化管理体系，行业集约化程度显著提升，市场主体的连接成本、运营成本、运维成本显著降低，规模经济效应明显。同时，网联平台积极发挥中枢统筹作用，牵头建立覆盖支付机构、清算机构、商业银行的市场全链条联合运维机制，完善应急处置体系，有效整合优化行业技术能力和保障资源，支付链条的普遍连接能力、业务处理时效、故障监控水平、异常响应速度等均有显著改善，提升了支付体系的整体处理效率和安全稳定运行水平。

完善市场格局，促进行业平衡健康发展。金融基础设施具有行业公共服务属性，对市场基础生态的完善性和平衡性有重要影响。支付市场参与主体通过“一点接入”网联平台，即可公平共享业务、渠道、技术等重要资源，无歧视性享受高标准高质量服务，行业整体发展基线显著提升，强者恒强的“马太效应”壁垒被有效削弱，行业格局更趋于平衡，有利于维护公平竞合的市场秩序，防止市场自然垄断和恶性竞争，引导支付机构回归支付本源，实现行业健康可持续发展。

维护金融稳定，强化风险监测防控能力。网联平台为支付市场参与主体提供中心化的清算服务，提高了清算透明度，资金流和信息流得以完整监控和匹配，通过机构及资金的异动监测等手段，可为监管部门监控风险提供及时准确信息，实现风险隐患及时排查处置。此外，支付体系实现在阳光下运行，暗箱操作无处遁形，有利于健全反洗钱和反恐怖融资监测机制，有效打击利用互联网实施的违法犯罪活动，助力驱逐劣币，让合规发展成为行业主流。同时，网联平台为备付金集中存管提供实施落地和前置管理支撑，降低了资金违规挪用风险，也让人民

群众的资金安全得到更好保护，为支付清算体系、金融经济体系乃至社会体系的系统性风险防控提供了有力抓手和保障。

服务宏观管理，保障货币政策有效传导。支付体系是宏观经济政策与微观经济行为的天然连接界面，金融基础设施为宏观管理衔接微观治理提供了重要支点，网联作为支付清算基础设施在服务宏观管理方面也显现出内在价值。例如，人民银行的许多货币政策操作工具均依托支付系统完成操作，并通过调剂支付系统参与者的日间流动性间接影响同业拆借利率等模式，实现中央银行货币政策调控意图。网联平台的建成运行，实现了支付机构相关资金与信息的集中化处理，节约了流动性成本，提升了资金流转路径的透明性和可监测性，便利了货币政策有效传导，为宏观审慎管理的有效性提供了间接支撑。

三、以坚持创新引领为重要支撑

作为支付行业的基础设施，在合规清算基础上，网联平台旨在从纵向维度沉浸到市场生态底层，提供更加强健的行业级基础服务支撑。在横向维度坚持中立原则，发挥中枢优势，着力统筹与整合，遵循平等开放原则，激发前沿技术潜能，积极深化延展多层面的创新实践，以水泽渔，善利八方，为行业发展提供立体化的创新驱动力。

发挥中枢引领作用，加强统筹创新。网联平台通过连接协调市场各方，实现行业共治和中心化引领，显著提升了行业的统一性和整体性，特别是在标准规范和顶层设计层面，区别于先前市场主体分散化、差异化的创新模式，网联平台的出现让行业统筹创新更具操作性。例如，网联平台统一行业资金调拨服务的时间窗口标准，提供7×24小时全时服务，简化资金归集流程，实现以往部分“T+1”业务的实时处理，减少客户等待时间。同时，建立权威性的平台交易终态规则，市场机构可据此向扣款成功但交易失败的客户及时退回资金，显著降低客户资金无谓占用。此外，网联平台根据监管相关指导精神，建立条码支付领域的统一性标准和解决方案，推进行业规范化建设，提升前端用户、商户的支付及管理便捷性。

强化基础设施支撑，助力场景创新。市场主体“一点接入”网联平台，改变了既往支付机构与银行多头对接，因适配不同技术标准以及系统重复建设占用大量资源成本的局面，特别是让中小市场机构可公平享受高质量基础资源和服务，不再因行业生态失衡而对良性创新有心无力，促进市场机构更加专注于前端和场景业务合规创新，提升“金融+科技”匹配多样化需求的能力，让支付更好地服务于实体经济。

围绕市场主体诉求，推进对等创新。网联平台处于行业中心枢纽位置，能够更全面、客观地了解和审视市场各方痛点诉求以及全链条运行问题，特别是打破既往惯例业务和思维模式，转换切入视角和维度，兼顾市场各类参与主体，实现更加对等的业务创新。例如，网联立足支付交易本质，拓展业务发起主体范围，支持处理银行发起支付业务、落地银行发起一键绑账户业务，惠及参与各方，显现创新价值。

立足资源配置优势，促进整合创新。作为中心化清算节点，网联平台在基础连接之上，更具有促进信息对称、协调撮合差异化资源互补配置的优势。接入网联，显著改善了中小市场机构在渠道建设方面的困境，实现行业资源的基础普惠，扩大业务触达界面进而强化模式创新的多元化能力。同时，网联也为更加广泛的资源整合提供了纽带和桥梁，涵盖政府与市场，城市与乡村，线上与线下，不同行业、领域、场景，基于支付的普适性价值，网联已在助力打通金融和社会体系的全维度资源通路，以更充分的资源优化配置促进支付产业的融合创新发展。

发力监管科技赋能，探索智能创新。网联平台作为行业信息枢纽，深挖技术潜能，服务监管合规需求。网联已配合监管要求，围绕资金违规挪用、P2P 高危交易等风险场景，建立起市场主体资金异动监测分析和信息联动同步机制，持续深化各类技术算法，丰富信息解析维度；基于智能学习技术，建立起涉嫌赌博交易等违规行为监测模型，结合黑白名单机制，不断强化模型训练，完善风险监测的自动化、智能化和立体化水平，最大化监管科技创新潜能。

四、以普惠金融、开放共赢为双轮驱动

当前我国经济进入新常态，步入结构性转型升级新阶段，金融普惠与对外开放，正对应了深化优化内部资源配置，以及统筹强化国内国际资源配置两个关键要素，这也是网联充分发挥金融基础设施优势，更好地履行自身职责的重要着力点。

坚持支付为民，让百姓更好地享受普惠支付服务。在民生重点时段方面，网联持续提升业务连续性水平，统筹协同全行业顺利完成“双十一”“双十二”、元旦、春节、“6·18”购物节等支付高峰时段重点保障任务，全面覆盖电商促销、春晚红包收付等多种民生支付场景，确保支付体系平稳运行，为人民群众美好享受支付体验提供坚实支撑。在民生垂直场景方面，针对缴税公共服务的现实痛点，支持国库缴税支付业务，借助网络支付新模式和技术手段，实现足不出户在线支付缴税，显著改善用户体验，极大提升了缴税的便利性。2019 年上半年，网联平台新促成 46 家第三方支付机构同农村地区各商业银行开展业务合作，新促成建立 828 条渠道通路，激发网络支付在农村场景的普惠性潜能，建强涉农经济金融活动的支撑体系，有力服务国家乡村振兴发展战略。

下一步，网联将继续发挥金融基础设施的搭桥开路先行作用，以及中枢纽带整合优势，以网络支付为核心拓展金融科技场景，将底层服务延伸融入居民日常需求、新兴市场领域和欠发达板块。例如，为区域性水电煤气、公交、学校、医院等公共事业缴费场景，相对落后地区市场以及智慧城市等项目提供定制化解决方案，整合支付市场主体的服务能力与网联的科技能力，增强各类支付普惠服务的便捷性和可达性，提升人民群众的获得感及幸福感，增强国家经济发展内生活力和基础驱动力。

坚持开放共赢，积极探索实践跨境支付业务。网联积极贯彻落实国家金融开放战略，服务支付行业双向开放，先行实践跨境支付新领域，立足金融基础设施定位，推动粤港澳大湾区电子支付系统互联互通，为境内外支付机构提供跨境交易转接及人民币清算的合规通路和高效服务，实现业务场景落地。同时，网联与国际卡组织合作，稳妥推进支付“引进来”，积极参与金融监管及清算领域的高层次国际交流，助力人民币国际化和支付行业高质量开放。

放眼未来，网联将积极响应国家“一带一路”倡议，秉持我国“共商、共建、共享”的全球治理观，立足网联“共建、共有、共享”的原则模式和经验，紧密围绕国家战略，服务好中国支付行业“走出去”，推动金融基础设施“走出去”，加强与国际组织交流合作，推进中国支付技术和标准迈向国际，探索“引

进来”的经验做法，务实推进实践落地。网联将以支付开放为支点，努力成为我国发展大局中促进开放共赢的有生力量，为我国进一步推动金融市场改革，推进市场互联互通，进一步扩大对外开放，实现更大范围、更高层次的金融开放和全球资源优化配置作出积极贡献。

（作者系网联清算有限公司总裁）

财务公司加入支付系统流动性风险管理研究

梁　伟

为促进电子商业汇票业务发展、加快票据领域金融创新及增强支付系统服务实体经济能力，有必要研究财务公司加入支付系统和开通适当权限的可行性。本文主要分析财务公司加入支付系统可能引发的流动性风险并提出初步的风险控制措施，确保风险可控、措施可行。

一、研究背景

上汽财务有限公司（以下简称上汽财务）和宝钢财务有限公司（以下简称宝钢财务）分别是上汽集团和宝钢集团金融产业的重要组成部分，在为成员单位及产业链客户提供综合金融服务方面发挥着重要作用。2014 年，上汽财务和宝钢财务作为无户特许参与者加入大额支付系统，实现电子商业汇票线上清算。上线以来，两家财务公司实现了电子商业汇票和资金的同步交收（DVP 结算），大幅提高了电子商业汇票业务效率，有效减少了票据交易的资金到账时间和资金清算风险。目前，财务公司开通的支付系统业务权限仅限于接收即时转账业务、日终对账、清算账户管理、自由格式及查询查复信息类业务、接收系统管理类报文及计费类报文等，在促进电子商业汇票业务发展和融资工具票据化等方面作用有限。因此，财务公司加入支付系统的意愿较为迫切。为提高财务公司竞争力和服务实体经济发展，有必要研究其加入支付系统的可行性。

大额支付系统是我国核心金融市场基础设施，是我国社会经济生活中资金支付与转移的“主动脉”。财务公司加入大额支付系统有利于为其提供更安全、更便捷的支付清算渠道，促进金融业务创新发展，减少支付清算、结算过程的信用风险。但是，直接扩大大额支付系统的可访问性也会带来新的风险，包括新增参与者的信用风险、流动性风险及操作风险等。

二、财务公司流动性风险管理现状

（一）普遍重视流动性风险管理，制度较为完备

第一，财务公司普遍重视流动性管理。上汽集团和宝钢集团高度重视上汽财务和宝钢财务流动性安全问题，加强了集团内企业在财务公司的资金集中管理以充实财务公司存款规模。例如，2018 年 6 月，上汽集团股东再次向上汽财务增资 50 亿元，积极支持上汽财务的业务发展。目前上汽财务的注册资本已达到 153.8 亿元，加上利润结余，公司资本净额已达 300 多亿元。这部分权益资金充实了上汽财务的资本充足率，也为上汽财务的流动性安全提供了保障。2011 年，宝钢财务注册资本为 11 亿元，已于 2015 年增资至 14 亿元。宝钢财务盈利稳定，连续 27 年盈利，累计实现利润总额 51.27 亿元，累计现金返利 26.5 亿元，年均净资产收益率为 10.19%。

第二，在制度建设方面，财务公司的流动性管理制度较为完备。例如，宝钢财务制定了《流动性风险管理制度》，明确部门责任与机制方法，规范流动性风险管理，建立三级备付金体系，使流动性风险的管理有章可循。上汽财务制定了《同业业务管理办法》《资金管理办法》《资金流动性管理办法》《流动性风险应急预案》等制度。计划财务部作为公司流动性管理的牵头部门，与公司金融部、会计结算部保持密切沟通，并积极保持与集团成员企业密切沟通，及时掌握企业用款信息。在季度资产会议管理下，每月、每周提前将可预计的资金进出情况和资金变动预测情况报告总经理室。如遇大额资金使用需求，将提前做好资金规划，提前通知固定收益部做好货币基金赎回或拆借、回购等交易，做好资金融入，保证公司的流动性安全。

（二）资金操作流程规范，资金支出按计划执行力度较强

在操作流程方面，财务公司与商业银行资金监测和操作流程极为相似。例如，上汽财务的资金监测由计划财务部与会计结算部共同负责，每日会计结算部会将本日到期兑付的资金头寸告知计划财务部，计划财务部会根据头寸及准备金管理要求的资金限额，确保人民银行准备金账户及商业银行结算账户资金足额。

与商业银行相比，财务公司资金支出更具有计划性。商业银行通常客户群体广泛，包括丰富的对公、对私客户等。相比较而言，财务公司客户群体相对稳定，大多是成员单位和产业上下游企业，客户沟通、资金监测相对容易，资金计划和实际执行的匹配度较高。

（三）流动性资产配置充足，流动性资产比例高于商业银行均值

从本质而言，财务公司是集团公司的“司库”，主要职责是做好成员单位金融服务，资产增值是次要职责。在资金配置上，财务公司流动性资产配置占比较大。例如，上汽财务流动性备付资金外配置以固定收益投资为主，主要配置短久期、可随时变现的货币基金、同业存单，进一步提升了公司的流动性安全水平。根据上汽财务和宝钢财务披露，两家财务公司的流动性比率均大于70%，高于2019年第一季度商业银行流动性比例（56.81%）和监管标准值（≥25%）。结合近期汽车行业处于销售低迷期和宝武集团重组的实际情况，两家财务公司依然能保持充足的流动性尤为可贵，表明两家财务公司流动性管理较为严格。

（四）建立较为完备的流动风险指标监控体系，并利用信息技术手段完善监控告警手段

上汽财务和宝钢财务将流动性指标监控整合纳入核心系统监控平台，以业务数据为基础，隔日自动生成流动性比例、存贷款比例、备付率、借款比例等流动性风险指标数据，并展示在早会系统，便于财务公司高管与相关业务部门及时了解公司流动性情况。

此外，两家财务公司在人民银行对账系统中设置提醒功能，如触发预警值，系统会自动报警并通过短信等方式提醒相关岗位全部人员补足资金，确保准备金账户资金充裕。

（五）流动性备付手段较为完善，兼具同业授信常规方式和资产证券化创新方式

首先，两家财务公司将日常维护好银行同业的授信关系，将同业拆借和回购作为流动性备付手段。例如，截至2018年12月末，上汽财务累计获得30家银行

831 亿元的授信额度，与银行机构保持着良好的合作关系，在配置银行同业存单的同时，也与银行同业市场部沟通交流，在其需要资金时可随时用同业存单向银行质押融资。

其次，两家财务公司金融产品创新能力较强，尝试采用资产证券化方式解决资金短缺问题。例如，为支持上汽集团企业的生产与销售，做好汽车金融业务的支持，上汽财务在多年以前就已未雨绸缪、探索公司未来在资金短缺的情况下的信贷资金来源解决方案。在监管部门支持下，2012 年上汽财务发行了国内首单财务公司车贷资产证券化产品，2016 年以来又陆续发行了 3 单总计 100 亿元的资产证券化产品。在完成 100 亿元发行额度后，2018 年 7 月 31 日，公司又获得中国人民银行 300 亿元资产证券化产品发行新额度的批复。2019 年，公司两次发行 170 亿元资产证券化产品，进一步提升了公司的存量信贷资产流动性，加强公司的信贷资产与负债来源期限的匹配管理，优化公司的资产负债结构。

三、财务公司加入支付系统的流动性风险因素

根据财务公司流动性管理现状，以上汽财务和宝钢财务为代表的部分优质财务公司在流动性监测、制度、操作、管理、解救等方面表现良好，加入支付系统的潜在流动性风险因素主要有以下两个。

第一，财务公司内控制度尚不完善，支付清算制度不成熟，流动性管理经验不足。目前，财务公司是以无户特许参与者身份加入大额支付系统的，支付清算相关内控管理制度需要做适应性调整，比如作为新增直接参与者的相关运行管理等内容。此外，财务公司对支付系统运行管理制度、应急处置等存在了解不全面、经验不丰富的问题。

第二，信用风险传导可能会引发流动性危机。尽管财务公司因有集团公司的支付“兜底”，面临的流动性风险相对较小，但财务公司面临的交易对手信用风险不容小觑，这些交易对手包括与财务公司发生资金和业务往来的商业银行、信托公司、券商、基金公司、企业等。交易对手信用违约，可能会造成财务公司发生流动性不足的风险。

四、财务公司加入支付系统的流动性风险防控考量

如果财务公司加入支付系统，为做好支付系统流动性风险防控，主要建议措施如下。

（一）开展财务公司流动性管理培训，提高对支付系统流动性管理规则的熟悉程度和操作技能

支付系统运行维护相关部门可以开展流动性管理培训，帮助财务公司人员全面掌握清算账户流动性管理规则，包括《支付系统运行管理办法》《大小额支付系统业务处理办法、手续》等。可以邀请部分清算纪律执行良好的支付系统直接参与者交流支付业务管理、清算账户查询监控、清算排队报告和处置经验等。

（二）加强流动性管理应急预案制度建设，确保流动性管理按制度规范执行

具体要求包括（但不限于）：一是建立大额头寸进出预报机制，加强大客户的资金管理。财务公司应提前一天掌握客户大额资金汇划需求并妥善安排资金。二是设置固定余额查询频度，每日关键时点查询余额，尤其是要加强 16：00 后查询清算账户余额的频次等。三是合理安排业务处理时间，大额资金汇划需尽量提前执行。当接近日终业务截止时间且清算账户余额不足时，应审慎安排资金汇划。四是明确清算排队报告处理流程，确保流动性危机发生时沟通顺畅、报告及时。

（三）强化清算排队应急处理机制，探索多种流动性风险解决措施

一是集团公司可以提供行政干预，减少非计划资金支出和撤销排队支付指令。《企业集团财务公司管理办法》明确要求集团公司要对财务公司的债务清偿“兜底”。因集团公司对财务公司成员单位一般具有行政干预能力，因此集团公司可以要求成员单位减少非计划资金支出和撤销排队支付指令。

二是可以尝试计提财务公司支付系统流动性风险准备金。建议针对加入支付系统的财务公司统一按一定比例计提风险准备金，为财务公司发生流动性危机时提供应急资金筹措渠道。当然，使用这类资金需要设置相对较高的利率水平，以

确保不被乱用。

三是加强商业银行和财务公司合作，以协议形式商定流动性救济方式。协议内容可以是按照合作协议约定事项（如触发条件、利率水平等），以隔夜拆借资金名义，解决财务公司清算账户头寸临时不足问题。此外，上汽财务对现行《同业拆借管理办法》表达了适应性调整意愿。根据人民银行《同业拆借管理办法》，财务公司拆入资金最长期限仅为7天。建议对少数符合监管要求的财务公司，可将向商业银行借款、同业拆入资金的时间期限放宽至半年或一年，在风险可控的前提下，帮助财务公司更好地安排流动性以支持集团企业的发展。

四是充分利用支付系统“自带”的流动性管理功能，例如高额罚息（伦巴第贷款）、自动质押融资机制以及多边撮合机制等。其中，伦巴第贷款主要针对商业银行，且用于支付系统流动性解救的案例乏善可陈，需要针对财务公司进一步细化制度安排，确保关键时刻可以发挥应有的作用。

（四）充分利用金融科技手段，强化支付系统流动性风险监测预警功能

在支付系统现有流动性管理功能的基础上，建议充分利用大数据、人工智能等金融科技强化支付系统流动性风险监测预警功能。例如，假设在一定时间段内，监测得出支付系统参与者的资金流出速率为μ、资金流入速率为λ。当前，参与者清算账户余额为d。如果$\mu>\lambda$，则资金净流出速率为（$\mu-\lambda$）。假设参与者资金筹措时间为t。当$d-$（$\mu-\lambda$）$\times t$接近参与者清算账户余额预警水平时，则可以利用趋势分析方法提前通知参与者补充流动性。如果利用大数据和人工智能算法，则可以利用支付系统的海量支付清算数据，深度学习参与者资金流量、流向特征，更精准地预测参与者的流动性风险。因此，强化支付系统流动性风险监测预警，有利于将支付系统流动性风险控制关口前移，降低支付系统参与者的流动性风险发生概率。

综合以上研究结果来看，两家财务公司具有业务规模大、资产结构优、信用程度高、内部管理严、创新能力强的共同特点。以上汽财务和宝钢财务为代表的优质财务公司在流动性风险管理方面状态良好、风险可控，且拥有大额支付系统清算账户（限于电子商业汇票业务线上清算）管理经验，在逐步完善财务公司加入支付系统条件和流动性风险防控等措施的基础上，部分优质财务公司完全具备加入支付系统的条件。建议采取“先行试点、逐步推广”方式，先在运营管理情况良好、流动性风险防控能力较强、已开设支付系统清算账户的财务公司试点，然后根据实际情况总结经验，逐步允许其他财务公司加入。

（作者系中国人民银行上海总部金融服务一部副主任）

企业司库如何选择移动支付

熊 毅

电子商务毫无疑问已经成为企业营销和销售的重要组成部分。电子商务中所需要解决的支付问题和传统的门店刷卡或现金收款同样重要，而且更为复杂。甚至许多企业开始考虑如何将移动支付植入现有的非电子商务业务流程中，以改善消费者体验，提高业务处理效率，同时降低业务差错风险。

移动支付中的主要形式就是手机支付，即消费者可以通过手机等移动终端设备完成的支付活动。在国内，目前手机二维码支付变得越来越普遍。除二维码支付外，还有一些其他支付方式。但是往往企业在接触一些支付机构或者商业银行之后反而觉得很困惑：如何选择适合自己企业的移动支付收款方案？就此问题笔者将基于自身经验对企业司库进行梳理。由于银行卡的线下 POS 机收单业务已经相当成熟，所以本文不涉及这部分内容。

一、了解自己的业务需求

电子商务通常是一个非常宽泛的概念。它可以是在虚拟的网络环境中发生的非面对面的交易，也能是 O2O（Online To Offline），即将线下的商务机会与互联网结合，让互联网成为线下交易的前台。移动支付不仅能提升电子商务的交易效率，也可以改善传统零售业务的用户体验。在选择移动支付方案之前，笔者建议企业司库与业务部门（如销售或电商部门）及 IT 支持部门等就业务需求和内部技术要求进行沟通。表 1 可以帮助企业梳理需求。

表 1　企业需求说明

栏目	内容
业务模式	• 自主搭建自有品牌网站，或开发手机 App 直接面对终端消费者 • 通过第三方综合性电商网站向终端消费者提供商品和服务 • 通过互联网获取订单，但需要雇用大量地勤人员为终端消费者提供服务或配送商品 • 在不同的城市维护多家门店以向终端消费者提供商品和服务
业务覆盖地域	• 终端消费者在哪里，仅限国内，还是会有海外客户 • 提供商品或服务的门店或地勤人员在哪里

续表

栏目	内容
终端消费者类型	• C 端客户 • B 端客户 • 两者皆有
终端消费者的支付介质	• 银行卡：借记卡和信用卡，银联卡和境外发卡机构的卡 • 电子钱包：支付宝、微信支付等 • 支付方式：App 支付、扫码支付、NFC 支付等
终端消费者的期望用户体验	• 是否允许消费者使用信用卡支付，或者使用绑定信用卡的电子钱包支付 • 是否允许消费者使用第三方支付机构提供的分期消费产品 • 是否有消费金额限制
能够承受的成本	• 是否有 IT 团队提供系统集成的支持 • 交易手续费是否合理

二、目前市场上的移动支付方式速览

在日常的支付场景中，常见的移动支付方式有 App 支付、扫码支付和 NFC 支付三种方式。企业可以选择在产品和服务中以这些方式接入移动支付功能。

App 支付：企业可在自主研发的 App 中嵌入支付功能，消费者在企业的 App 上挑选商品或服务后可以直接跳转至支付类的 App 完成付款，常用于电子商务领域、O2O 领域、游戏娱乐领域等的线上消费行为。

扫码支付：扫码支付是近年来快速流行的支付方式。用户可以通过手机、扫码器等设备完成扫码支付。扫码支付又分为“主扫”与“被扫”两种方式。以微信支付为例，“被扫”指的是消费者展示其微信钱包内的“条码/二维码”给商户，商户用收银系统外接的扫码枪扫描条码或二维码之后就直接完成支付。被扫方式适用于线下面对面收银的场景，如超市、便利店等。“主扫”指的是商户按微信支付的规范生成收款的静态或动态二维码，消费者再用微信“扫一扫”扫描商户提供的二维码来完成支付。动态二维码主扫方式适用于有自主维护功能的电子商务网站的商户，消费者用手机扫描电脑网页上展示的动态二维码来完成非面对面的支付。静态二维码主扫方式适用于小型实体店购买等场景，消费者用手机扫描商户张贴的静态二维码，并自行输入金额来完成面对面的支付。由于二维码对设备要求低，消费者和企业、商户都能轻易使用，目前市场铺设率非常高。

NFC 支付：NFC 是一种高频无线通信技术，依赖于手机上的 NFC 芯片。使用时消费者可将手机像 IC 卡一样进行“刷手机”支付。这种方式主要应用于线下支付，目前一些城市的地铁站已经可以使用手机 NFC “刷手机” 进站。但这种方式对消费者、企业的终端设备要求较高，消费者的手机需要支持 NFC 功能，企业、商户需要有 NFC 感应器等，图 1 说明了日常支付场景中的移动支付方式。

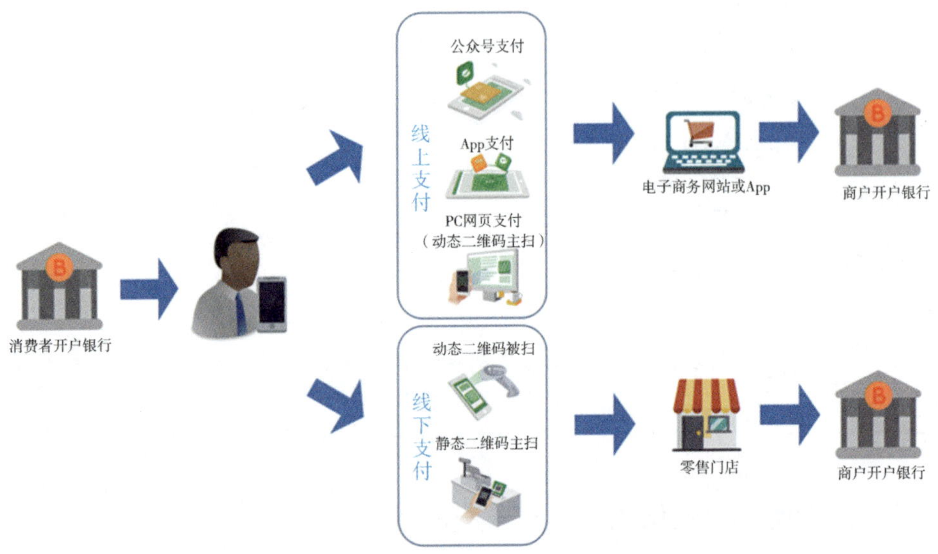

图 1　日常支付场景中的移动支付方式

根据易观 2018 年第一季度中国第三方支付机构移动支付市场交易份额占比统计，支付宝、微信支付分别以 53.76% 和 38.95% 的市场份额位居前两位。两者市场份额总和达 92.71%。看到这个统计数字，我相信企业对于采用何种主流的移动支付方式应该并没有太多的异议。App 支付和扫码支付允许消费者通过手机等移动终端设备完成钱款的支付活动，而且对智能手机终端并没有太高的技术限制。这两种方式使消费者和商户之间的线上交易或线下交易实现了货币支付收款服务，而且具有移动性、及时性、灵活性、集成性等特点。所以这两种方式目前应当是企业开通移动支付的首选，表 2 说明了不同商务模式中的移动支付方式。

表 2　不同商务模式适用的移动支付方式说明

商务模式	推荐使用的移动支付方式	范例
自行开发手机 App，且支付完成后才提供服务或配送商品	App 支付。企业在为消费者开发的 App 中嵌入支付功能，消费者在企业的 App 上挑选商品或服务后可以直接跳转到支付类的 App 完成付款	叫车 App、外卖 App 等
通过互联网获取订单，但需要雇用地勤人员为终端消费者提供服务或配送商品。服务完成后支付	App 支付。企业需为地勤人员开发专门嵌入移动支付收款功能的 App。地勤人员在提供服务或者配送商品后可以在 App 上生成二维码供消费者用手机扫码支付，或用该 App 扫描消费者生成的二维码收款	快递行业、上门维修行业等

续表

商务模式	推荐使用的移动支付方式	范例
自主搭建自有品牌网站	动态二维码主扫，由消费者用手机扫描商户付款网页生成的动态二维码	航空网站、电商网站等
大型企业通过多家门店向终端消费者提供商品和服务，有成熟的收银系统	动态二维码被扫。商户用收银系统外接的扫码枪或智能 POS 机扫描消费者手机上生成的动态二维码之后就完成支付	超市、便利店、时尚品牌零售店等
小微企业通过多家门店向终端消费者提供商品和服务，无收银系统	消费者用手机扫描商户张贴的静态二维码，并自行输入金额来完成面对面的支付	街头小店
通过第三方综合性电商网站（如天猫、京东等）向终端消费者提供商品和服务	企业自身不用考虑移动支付问题。第三方综合性电商网站基本都能提供各类移动支付供消费者使用。销售金额会由第三方综合性电商网站定期汇给企业	开设天猫旗舰店的品牌企业

目前国内的移动支付方案基本上不支持海外电子钱包用户在境内网站或 App 线上消费，或者在境内的线下门店购物消费。但是部分大型第三方支付机构在海外推广的电子钱包（如微信支付 HK）开始逐步上线境内扫码消费功能。

目前 B2B 交易尚未有特别出众的移动支付解决方案。但若企业服务的客户对象是小型的 B 端客户，通常这类客户会愿意用其个人的手机完成移动支付，然后再向公司报销。

企业的电商部门可面向社会群体，调查消费习惯，收集相关数据。当然，大多数商户对其消费者都有一定程度的了解，在此基础上，商户更容易筛选到合适的移动支付解决方案。

三、目前市场上商户接入移动支付的服务模式速览

目前市场上商户接入移动支付可以选择不同的服务模式。主流模式主要有三种，其特点如表 3、图 2 所示。

表 3　商户接入移动支付的主流模式

服务模式	直连模式	银行间连模式	聚合模式
商户面对的签约主体	商户直接和第三方支付机构（如支付宝、微信支付）签约。直接使用第三方支付机构分配的商户号发起交易	商户不与第三方支付机构签约而是与银行签约，通过银行渠道发起交易	第三方支付机构（如支付宝、微信支付）以及第四方技术服务商（如 Ping + +、Paymax 等）

续表

服务模式	直连模式	银行间连模式	聚合模式
收款资金清结算	由第三方支付机构直接汇到商户指定的银行账户	由第三方支付机构汇往商业银行，然后由商业银行二次清分后存入商户开立在该商业银行的账户	由第三方支付机构（如支付宝、微信支付）直接汇到商户指定的银行账户
系统集成	由第三方支付机构推荐的技术服务商提供支持	由商业银行指定的技术服务商提供支持	由第四方技术服务商提供支持
欺诈或投诉处理	由第三方支付机构协调处理	由商业银行协调处理	由第三方支付机构协调处理
优势	直接对接	议价空间大，商业银行往往愿意牺牲收单费用来换取稳定的公司存款 对手方风险从第三方支付机构转移至商业银行	第四方技术服务商的聚合支付平台可以降低商户接入难度 第四方技术服务商较容易满足定制化开发的需求
劣势	占市场主导地位的大型第三方支付机构相对强势，定制化需求往往难以满足，议价较难	部分第三方支付机构（如支付宝）间连模式仅开放线下支付产品	第四方技术服务商无其他利润来源，需承担其成本

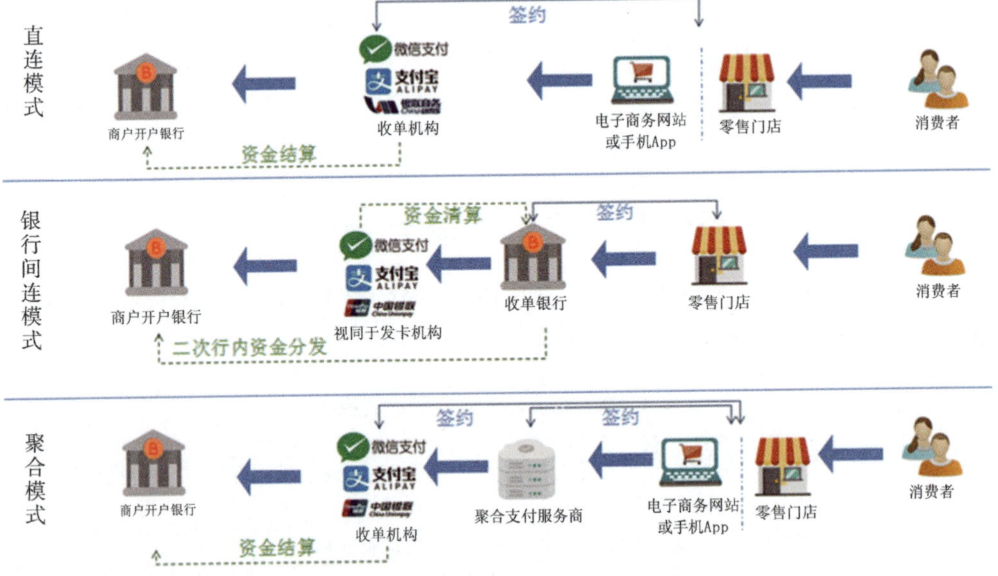

图 2　商户接入移动支付的主流模式

聚合模式是移动支付市场充分竞争后自然而然形成的差异化竞争手段。聚合模式主要是指商户通过第四方技术服务商的聚合支付平台转接收单机构，从而实现一点接入、多点转发。第四方技术服务商具有丰富的落地经验，可以帮助商户申请微信支付和支付宝支付。第四方技术服务商还可以为商户提供一些定制化开发的便利。聚合模式中的服务商一般没有中央银行颁发的支付机构牌照，所以它不能参与收款资金的清结算。但其能够根据商户的需求进行个性化技术开发，从而与移动支付市场的领先者们形成资源优势互补，具有中立性、灵活性、便捷性等特点。

目前提供银行间连模式的主要以中资银行为主。这些银行与大型的持牌第三方支付机构（如支付宝、微信）建立系统直连，并得到这类机构的认证。银行可独立审核商户的申请资料，可以和商户直接签约。由于商业银行希望快速增加商户数量，审核速度也相对较快。商业银行希望通过这种方式获取移动支付的手续费收入，大型的持牌第三方支付机构也希望通过商业银行庞大的客户群体拓展商户。基于此，商业银行可以从第三方支付机构拿到最优惠的费率。而且商业银行通常也会和多家支付机构建立系统直连。这样一来，银行间连模式也可提供支持不同支付机构二维码的聚合支付功能。银行间连模式的优势在于大型企业客户更容易获得优惠的收单价格，因为商业银行往往愿意牺牲部分收单手续费来换取稳定的公司存款。

当然商户也可以选择直连模式，按照支付宝或微信支付的指示步骤逐步申请开通。但若非超大型的企业，或者该行业中的典型领头企业，商户很难获配专门的业务经理。其不利性是缺乏专人指导，商户需花费较多时间研究审核步骤，了解接入开发细节，也较难议价。此外，由于微信或支付宝采用不同的二维码，需要商户在门店放置多个静态二维码，或者将微信和支付宝分别接入收银系统或网上支付系统。但在实际操作时，不同服务模式的界限划分并不是非常清晰的。例如，商户若和某些收单机构（如银联商务）签约，也可以向其提供聚合支付宝、微信支付和银联二维码的收款服务功能。

四、选择移动支付方式和移动支付服务商的考量

了解了目前市场上主流的移动支付方式以及服务模式后，就要选定一家服务商。移动支付只是完成电子商务交易的其中一个环节。但由于牵涉资金的安全性和及时性，往往遴选一家合适的移动支付服务商的事宜会由司库来牵头。如果企业之前已经有线下门店银行卡收单的经验，则司库可以邀请原服务商就收单机具改造、收银系统升级以支持移动支付提供相应的计划书和报价。若企业没有这方面的行业联络人，司库也可以联系其开户银行了解银行的收单服务能力。一般来说，以下几个方面可以作为司库在选择移动支付服务商时的参考标准。

1. 背景调查：企业在选择服务商的移动支付收款方案时，应先关注服务商的相关背景信息。比如公司工商注册信息是否合法，移动支付解决方案是否获得支付宝、微信等多家支付领军企业的授权，是否拥有监管机构颁发的业务资质，所接入移动支付方式的市场占有率。在确定了备选服务商的合规性之后，商户便可将目光放在服务商的资质以及移动支付解决方案的内容上。对备选服务商而言，主要考察其专业性，业内口碑是否良好等。对移动支付方案而言，则是评估是否高效专业，性能是否卓越等。如果商户选择商业银行间连模式，由于签约方是商业银行，则相对来说也降低了对手方风险。

2. 费用成本：第三方支付机构一般会根据申请商户的所在行业和所售商品制定相应的费率。但商户选择的移动支付方式和服务模式也会影响到最终需承担的费用成本。在目前阶段，由于第三方支付机构希望能大力拓展线下商户，所以服务商基于线下支付（面对面支付）的手续费相对优惠。此外，商户自身在行业中的主导地位也会影响其从第三方支付机构获得的手续费优惠。若商户直接接洽第三方支付机构但未能获得较优惠的价格时，商户也可考虑商业银行间连模式。因为间连模式中的商业银行可以从第三方支付机构获得最优惠的底价。商业银行也愿意通过收单费用的减免以换取大型企业客户的稳定存款。但目前这种优惠通常仅限于线下移动支付方式。选择聚合模式的服务商时，通常服务商会收取相应的服务费。

3. 资金便利：目前市场上移动支付的资金到账周期大都是“T+1”，即商户在销售的第二天就能在自己的银行账户上看到入账。由于是第三方支付机构直接将资金汇入商户的银行账户，直连模式和聚合模式一般在“T+1”这一天较早时候到账。但间连模式涉及商业银行对资金的二次清分，因此到账时间会在“T+

1”这一天的稍晚时段。部分服务商可能提供“T+0”到账服务，但会向商户收取额外手续费。此外，为了帮助商户加速资金周转，某些服务商还有配套的融资功能，帮助小型商户及时回笼资金。除资金结算速度以外，还应考虑移动支付是否能支持预授权扣款模式（如酒店入住），或者定期免密扣款退款（如订购视频网站的 VIP 用户）等额外功能。此外，考虑到行业应用场景，部分第三方支付机构还能够向电子钱包用户直接转账用于补偿消费者或向员工发放佣金，或者向不确定的消费群体发放红包以鼓励消费，但有些功能并不向采用银行间连模式的服务商开放。如果商户特别介意这些功能，则需要留意未来采用的服务模式。

4. 技术支持：电子商务不仅仅是远程销售商品，提高销售收入；电子支付也不仅仅是将从消费者那里收到的款项存入企业的账户。成功地实施移动支付也要求能够实现自动化的会计入账和对账。系统集成难度也是选择服务商的考量之一。商户需要评估服务商的平台能支持哪些接入方式，如手机 App、POS 机改造、WAP 支付、WEB 支付、API 接入支付等；服务商平台是否能便利地和企业的电商平台对接，是否能和企业的 EPR 系统或收银系统对接，实现收款交易的自动对账；移动支付是否能和原门店支付手段（如 POS 机）并存及过渡。商户应当根据自身需求尝试对其目标方案进行小金额低风险测试，以评估系统接入问题。服务商所提供的系统平台的稳定性、灾备计划等也是考核服务商服务能力的重要因素。

5. 业务风险：电子商务中的支付往往是非面对面的付款，虚拟的网络环境将带来更多的风险。非面对面付款时发生的欺诈案件要占到所有的支付欺诈案件的一半以上。从本质上看，商户无法识别消费者的身份，以及采取一些限制措施降低欺诈风险。这就需要依赖有经验的服务商用专业的欺诈预防和侦测手段降低商户的风险。商户本身也要和服务商充分沟通，了解支付机构的风控要求，避免由于交易行为不当，被支付机构风控系统识别为套现。

6. 数据安全：在选择移动支付服务商时，企业司库也需要邀请 IT 部门参与评估，查看集团总部是否有相关要求，以及数据安全标准是否符合集团标准。在市场上往往有很多移动支付服务商，每个服务商都有专属的 IT 系统和技术架构。对于企业商户来说，需要去评估这些服务商是否符合相应的集团要求。例如，服务商的技术架构能否承载未来的交易量，是否足够灵活去应对未来的新支付手段，是否足够快速去开发新的功能，以及服务商能否提供全天候的响应支持等。很重要的一点是服务商有无 PCI DSS（Payment Card Industry Data Security Standard）认证。PCI DSS 是全球支付行业安全要求最高、专业性最强、检测认证深度最深的认证标准，在交易数据保护上更加严密、严谨。

7. 合规风险：第四方技术服务商不具备支付牌照，而是通过聚合多种第三方支付平台、合作银行及其他服务商接口等支付工具提供支付服务。选择聚合模式的重中之重便是考虑合规风险。我们知道，通过银行或者具备支付牌照的第三方支付公司清算，并在结算时直接将款项转给商户指定银行账户的结算方式叫作“一清”。而“二清”则需要两次结算，即结算资金需要从银行和第三方支付机构先转到“二清”公司，先在“二清”公司处理后，再结算给商户。“二清”公司不持有支付牌照，却从事着资金收单结算业务。这是一种违规行为，也非常容易产生卷款跑路，或平台被监管部门关停的风险。

8. 增值服务：除了以上几点，企业也应该注意服务商能提供哪些增值服务。例如：（1）支付渠道管理体系，支持不同支付方式的注册、管理、交易明细查询、管理和数据分析功能；（2）商户多级管理体系，支持各类商户一体化管理，包括单店、连锁、直营加盟混合多门店多收银员、财务对账功能；（3）为商户提供包括线上商城、线上营销组件、会员卡充值核销、优惠卡券核销、开具电子发票等完整解决方案。

总体而言，选择移动支付方式和服务商时，企业司库应多角度权衡，保持思路清晰，这样才能准确判断。应选择功能适用的移动支付方式，以及方案靠谱的服务商，以便更好地提升消费者体验。

（作者系德意志银行环球金融交易业务部董事、大中华区现金管理产品主管）

支付大数据在宏观经济研究和金融监管中的应用

贾卢魁

一、大数据与宏观经济分析

大数据（Big Data）的概念包括两个维度：一个是指数据的时间跨度，另一个是数据的指标种类。在科学研究中，特别是经济学分析中的大数据指的是包含多种指标种类的数据集合，也就是高维度数据（High Dimensional Data）。随着经济活动内涵和频度的不断发展，表征一个经济体状态所需的指标集合也越发复杂，这些指标的变化也越加迅速。根据英格兰银行 Bholat（2015）的研究，现代意义上的大数据是指至少具备以下三种性质之一的数据信息集合：

（1）数据量大，并且具有较强的颗粒性（Granular）；

（2）数据信息的更新频率快，这是因为信息背后的经济活动发生频度高；

（3）各种数据信息的内容差异较大，例如，既可以包含传统的经济指标，也可以包含微观主体的逐笔交易信息。

总体而言，本文主要包含三个部分：首先，对数据资源进行整合。数据是模型分析的重要输入内容，也是重要的基础，对大数据分析而言，数据的重要性更为突出。大数据本身包含时间长度和数据来源广度两个维度的含义，因此，我们需要对多个数据源的多种数据在长时间跨度上进行整合，以达到对数据资源的充分利用。其次，我们需要建立起一套自洽的动态宏观经济分析理论模型。这是本文的核心，也是主要的难点。由于传统宏观经济模型的自身特点，需要对模型中的各个经济变量间的关系进行建模，当需要分析的变量数量大规模增加时，传统模型就很难实现整体一致。这就要求我们在理论建模时考虑模型的整体一致性问题。针对这一挑战，本文使用目前最先进的动态因子模型（Dynamic Factor Model，DFM）来进行理论模型的构建。最后，使用理论模型并结合数据开展实证分析，并使用分析结果对模型结构和模型中的各种参数进行优化，使其更好地符合我国经济运行的特征。

（一）理论模型

在理论框架方面，Giannone 等（2008）提出了首个自洽的标准模型——动态因子模型（Dynamic Factor Model，DFM），将大数据分析技术和滤波技术结合在一起形成了一个完整的高维度实时宏观经济分析框架，并根据实时性的特点在宏观经济分析中引入了实时预测（Nowcasting or Short - term Forecasting）的概念。

在这一框架下，高维度的异质数据可以使用有限的状态变量来表示，这样就解决了模型的统一性和高维度咒诅问题。同时，由于该框架的数学表示使用了状态空间的方式，因此，可以非常方便地进行滤波分析，从而充分利用所有观测信息，实现高维度大批量数据信息的集中统一高效分析。DFM 的大数据分析框架为中央银行实时宏观经济模型分析提供了很好的理论平台和实践模型，因此，可以在此框架上构建适用于人民银行的高维度实时宏观经济模型，为货币政策的制定提供有效的数据分析支持。

DFM 理论框架使用离散型状态空间（Discretestate - space）进行建模：观测变量用 $n \times 1$ 向量 $\vec{y}$ 表示，其中，n 是数据维度。进一步假设，经济体中的所有变量都同时受到数量很少的（Parsimonious）不可观测的共同因子（Salient Common Factors）的影响。这一假设就意味着，随着样本维度的增加，其中蕴含的共同因子的数量并不增加，但是每一组信息都包含了共同因子的部分信息。一个经济体宏观经济波动的主要部分由少数几个未被观测到的动态因子（由 $q \times 1$ 维向量 $\vec{x}$ 表示，其中 $q \ll n$）决定，各个经济指标的波动表现为整体波动在各自域内的传播。不同指标观测值的差异是由该指标与共同因子的关系（Factor Loadings，由关系矩阵 C 表征）以及其自身的个体冲击（Idiosyncratic Shocks，由 $n \times 1$ 维个体冲击向量 $\vec{Q}t$ 表征）决定的［见方程（2），即观测方程］。并且，共同因子的波动（$\overrightarrow{yt} \equiv$

$C\vec{x}t$）与个体冲击（$\vec{Q}t$）是正交的（Orthogonal）。这样，系统在 DFM 框架中被表征成为观测变量与状态变量的组合：

$$\vec{x}_t = A\vec{x}_{t-1} + \mathrm{R}\vec{\mu}_t \tag{1}$$

$$\vec{y}_t = C\vec{x}_t + \vec{Q}_t \tag{2}$$

方程（1）是状态转换方程，状态空间的演变服从典型的（1）过程。$r \times x$ 维 $\vec{\mu}_t$ 是状态变量的白噪声冲击向量［$\vec{\mu}_t \sim WN\ (0,\ Ir)$］，其与状态变量线性无关［$Cov\ (\vec{x}_t,\ \vec{\mu}_t)\ =0,\ \forall t \geqslant 0$］。由于模型识别的要求，冲击向量的维度至多等于状态向量的维度（$q \geqslant r$）。在经济建模中，通常将 r 设置为 2，以对应实体冲击（Real Shocks）和货币冲击（Monetary Shocks）。①

在此基础上，可以使用观测数据对模型进行识别和参数估计（Model Identification and Parameters Estimation）。这一过程的理论基础是在机器学习中非常重要的主成分分析（Principle Component Analysis，PCA）方法②，这也是机器学习处理高维度数据时降维（Dimensionality Reduction）分析的核心思想。Stock 和 Watson（2002）严格证明了在满足 DFM 基本假设的前提下，对样本数据使用主成分分析法得到的对共同因子的估计是一致有效的（Consistent and Efficient）。这样我们就可以使用样本数据对 DFM 构建的模型进行有效识别。首先构建由样本数据计算得到的样本相关矩阵：

$$COR = \frac{1}{T}\sum_{t=1}^{T} y_t y_t^T \tag{3}$$

由于 COR 是样本数据的相关性矩阵，因此可知 COR 是 $n \times n$ 实对称方阵。进而可知 COR 的特征值都为实数，特征向量都是实向量（从大到小排列），并且特征向量相互正交构成一组正交基（Orthogonal Basis）。COR 可以写为

$$COR = V\Lambda V^T \tag{4}$$

其中，Λ 是 $n \times n$ 对角矩阵，对角线上的数值对应 COR 的 n 个特征值，V 是与这些特征值对应的特征向量。这时，DFM 中的共同因子就等价于观测向量 y_t 在 COR 的正交基 V 的前 q 个特征向量的投影

$$\hat{x}_t = V^T y_t \tag{5}$$

再由式（2）可得：各个数据变量与共同因子的 $n \times q$ 维关系矩阵 C 可以用样本数据估计为

$$\hat{C} = V \tag{6}$$

对于式（5）中估计出的共同因子序列，使用向量自回归（Vector Autoregres-

① 详见 Giannone 等（2008）。

② 关于 PCA 的详细证明与推导，可见 Wold（1987）。

sion，VAR）的方法可以计算出状态变化矩阵 A 的估计值 $\hat{A}$。Stock 和 Watson（2002）以及 Giannone 等（2004）证明在 n、$T\to\infty$ 时，样本估计值 $\hat{C}$、$\hat{A}$ 等趋近于其真实值 C、A。对于式（5）计算出的共同因子序列，使用卡尔曼滤波（Kalman filter）的方法进行优化和预测。通过新样本的加入，可以不断更新动态因子序列，进而使用观测方程（2）实时预测（Nowcast）当期的宏观经济形态。这样，一个完整的 DFM 宏观经济实时分析建模框架得以完成。

（二）实证分析

在理论模型的基础上，我们就可以着手构建对应的实证分析模型。实证分析模型在整个大数据宏观经济分析中的作用如图 1 所示。

图 1　大数据分析平台流程图

实证分析模型的构建在 MATLAB 软件平台上完成实验室开发，目前已完成了测试模型的编写工作。模型已经可以使用 PCA 主成分分析的降维算法实现 DFM 理论模型，并使用卡尔曼滤波实现模型的动态更新与优化。我们使用支付系统数据结合外部数据源的 12 组（包括价格指数、工业、能源、固定资产投资、服务业生产指数、房地产、国内贸易、对外经济、交通运输、邮电通信、采购经理指数、财政和金融）共 39 个数据指标构成模型数据输入并对模型结果进行检验，取得了较好的结果。

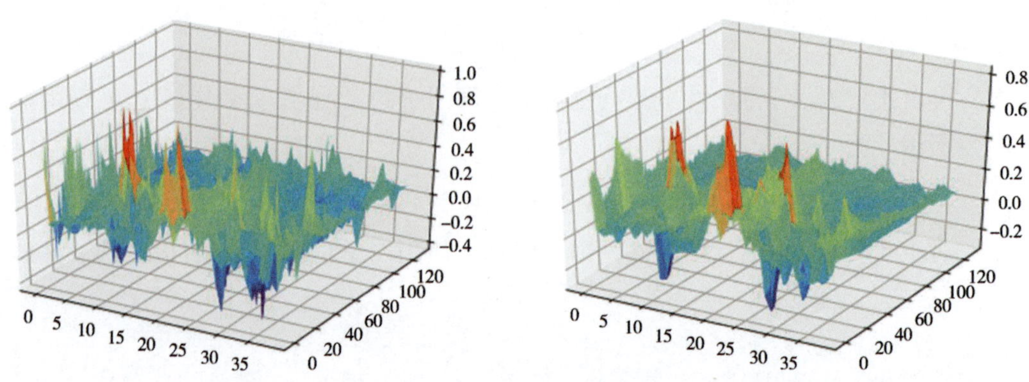

图 2　输入数据（左）与模型重建数据（右）（3－D）

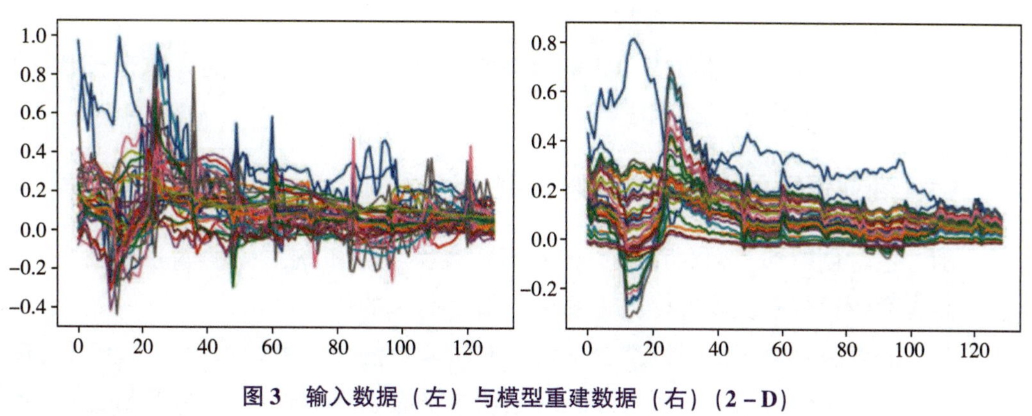

图 3 输入数据（左）与模型重建数据（右）（2 – D）

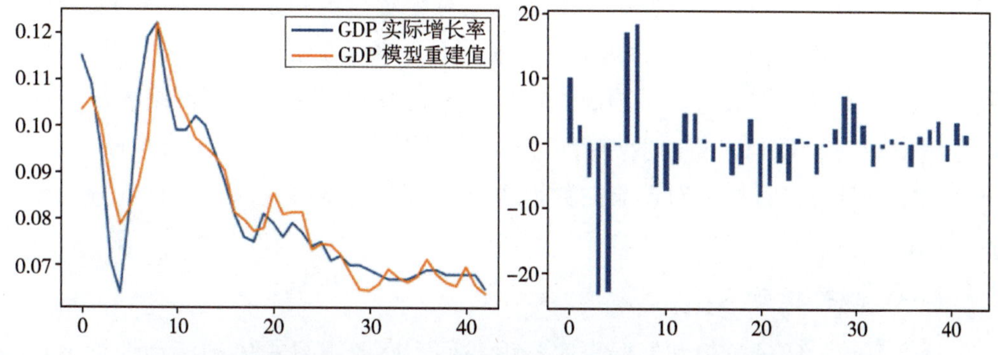

图 4 真实 GDP 增长率与模型重建 GDP 增长率（左）以及偏差值（右）

从图 2 和图 3 中我们可以看出，经过使用提取的共同动态因子所重建出的各个指标与原始输入有着很强的趋势一致性，这充分表明我们通过 DFM 计算出的二维动态因子很好地涵盖了这些指标中的宏观经济运行因素。这一结果也体现在图 4 中：使用动态宏观因子重建的 GDP 增长率（黄色）与真实 GDP 增长率（蓝色）之间有着很好的一致性。

在此基础上，我们将二维的宏观动态因子投影到一个以过去五年均值为 100 的一维空间中去，形成一个表征经济活动整体情况的经济热度指数。这一指数与之前模型中计算出的经济热度指数具有相同的经济学含义，关键区别在于 DFM 使用了从多个经济金融指标变量信息中提取的共同动态因子而非直接使用 GDP 增长率指标。为了更直观地表示经济活动的运行情况，我们定义了以下指标区间：

1. 平稳区间：指数值在 90 ~ 110 之间，即经济活动的整体波动在过去五年均值的正负 10% 以内；

2. 经济扩张区间：指数值在 110 ~ 120 之间；

3. 经济收缩区间：指数值在 80 ~ 90 之间；

4. 经济高速扩张区间：指数值在 120 以上；

5. 经济高速收缩区间：指数值在 80 以下。

根据模型计算的实时数值，我们可以直观地考察宏观经济的整体运行状况，为政策的分析和制定提供数据支持。

二、商业银行系统流动性风险研究

随着金融创新和金融深化的快速发展，各个金融机构之间的联系越发紧密，这一点在商业银行系统体现得更为明显。随之而来的挑战就是，发生在系统中单个参与者的风险会很快传播到整个系统中，从而可能引发系统性风险。美国次贷危机所引发的金融市场危机以及随后的全球经济衰退再次表明，必须重视金融系统对单一风险的放大效应。各国越来越重视对金融稳定和系统性风险的研究，宏观审慎政策开始被各中央银行视为与传统货币政策互补的重要政策工具。因此，我们试图在宏观审慎实践及中国商业银行系统风险的研究中引入网络同步行动博弈理论模型（NSGM），将商业银行的流动性管理通过银行间借贷市场联系起来，并使用空间计量实证模型对搜集的数据进行分析，量化研究商业银行系统的流动性风险传导机制和网络放大效应。

（一）理论模型

博弈理论、实证分析和经验事实告诉我们，商业银行主体的流动性管理行为不单单由其自身资源禀赋和宏观经济形势决定，同样也取决于与其联系的其他商业银行的流动性管理行为。这也是我们在本文中引入网络博弈模型的思想基础。构建商业银行网络的第一步是刻画网络中单个银行主体的流动性管理行为。定义银行系统中一个商业银行 i 的流动性 l_i 由两部分组成：第一部分是假定该银行没有与任何其他银行市场发生拆借行为时，其持有的流动性数量；第二部分是该银行在银行体系中留存的流动性。因此，我们可以得到：$l_i = q_i + z_i$。这样，商业银行 i 的流动性持仓的第一部分可以被表示为

$$q_i = \alpha_i + \sum_{m=1}^{M} \beta_m x_i^m + \sum_{p=1}^{P} \beta_p x_i^p \tag{7}$$

对于商业银行流动性持仓的第二部分 z_i，可以将网络 g 中银行 i 的流动性效用公式表示为

$$\begin{aligned} u_i(z_i \mid g) = \hat{\mu}_l\Big(z_i + \Psi \sum_{j \neq i}^{j\in[1,n]} g_{ij} z_j\Big) + \\ \delta z_i \sum_{j \neq i}^{j\in[1,n]} g_{ij} z_j - \\ \frac{1}{2}\gamma\Big(z_i + \Psi \sum_{j \neq i}^{j\in[1,n]} g_{ij} z_j\Big)^2 \end{aligned} \tag{8}$$

（二）实证分析

将 SECM 式中的矩阵 ω_n 对应 NSGM 中的网络矩阵 G，个体冲击 u_{ni} 对应个体流动性冲击 v_i，并代入可得

$$l_{i,t} = (\mu + \alpha_t^{time} + \alpha_1^{bank} + \sum_{m=1}^{M} \beta_m^{bank} x_{i,t}^m + \sum_{p=1}^{P} \beta_p^{bank} x_{i,t}^p) + \epsilon_{i,t}$$

$$\epsilon_{i,t} = \phi \sum_{j=1}^{n} g_{ij,t} \epsilon_{j,t} + v_{i,t} \sim i.i.d.(0, \sigma_i^2)$$

$$i = 1,2,\cdots,n, t = 1,2,\cdots,T$$

根据理论模型 NSGM 中的定义，可以将网络 g 的整体流动性水平 L_t 对其中某个单一个体银行发生的流动性冲击的反应定义为系统流动性冲击响应函数（System Impulse - Response Function，SIRF）：

$$SIRF_i(\phi, G_t, \sigma_i) \equiv \frac{\partial L_t}{\partial v\, i_t} \sigma_i$$

因此，可以直观地计算出系统流动性方差的另一种表达式：

$$Var_t([\epsilon_{1,t}, \epsilon_{2,t}, \cdots, \epsilon_{n,t}]) = \sum_{i=1}^{n} SIRF_i^2$$

样本区间 18 家银行系统的同业拆借矩阵视图和其中一家银行主体（银行 8）从系统中其他银行同业拆借的强度如图 5 所示。

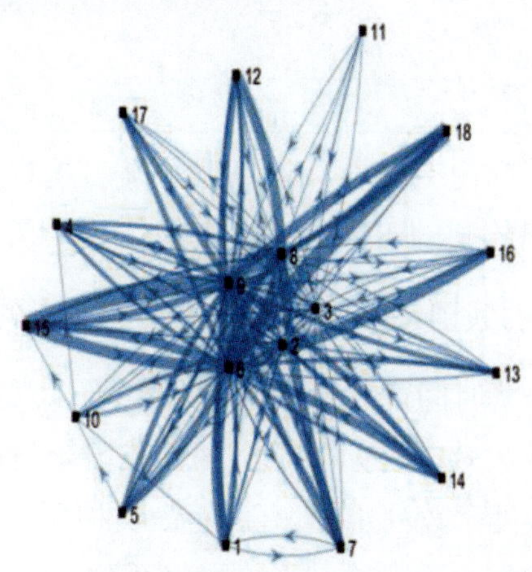

图 5　18 家银行系统同业拆借矩阵与同业拆借强度

模型中所选取的宏观控制变量和微观控制变量对应的系数与理论和实证模型中的预期表现出较好的一致性，如表 1 所示。

表 1　模型中选取的变量及回归系数

宏观控制变量	系数
SHIBORall	0. 826342 *** (4. 663197)
IBR - SHIBOR	0. 155847 (-0. 001707)
TransitionAll	-0. 823075 *** (-8. 475392)
RRR	0. 826342 (-0. 356088)
SPASall	1. 4806890 * (1. 783123)
微观控制变量	系数
SHIBOR	-0. 744432 *** (-4. 511272)
Payment	0. 942017 *** (-21. 947968)
TotalAsset	0. 639768 (0. 101262)
空间参数	参数估计值
ϕ	0. 576520 *** (15. 852316)
R^2	65. 1558%

模型显示，在样本区间内空间参数 ϕ 高度显著，这也从实证角度印证了理论模型 NSGM 中对银行网络构建的正确性。本文的估计结果显示样本区间空间参数平均为 $\hat{\phi}=0.5765$，这说明我国银行间市场对流动性冲击的放大效应为 2. 3614。

通过分析发现，$\hat{\phi}$ 随着时间变化而变化，我们可以观察出不同时期的银行系统流动性风险平均网络放大效应。如图 6 所示，我国银行间市场的平均网络放大效应在 2015 年和 2016 年处于较高水平，随着流动性环境的改善，从 2018 年至今已经回落至 2. 4 左右的较低水平，这与平均聚集系数的结论相一致。

图 7 中，我们刻画了矩阵 G 的动态特征值在样本区间的变化情况（月平均值）。可以看出，随着人民银行公开市场操作的进行，银行间流动性环境改善，从而有效降低了银行间市场流动性风险的传导强度：2015 年和 2016 年动态特征值的均值分别为 0. 66 和 0. 68，而 2017 年和 2018 年至 2019 年 3 月末的对应值为 0. 59 和 0. 56。

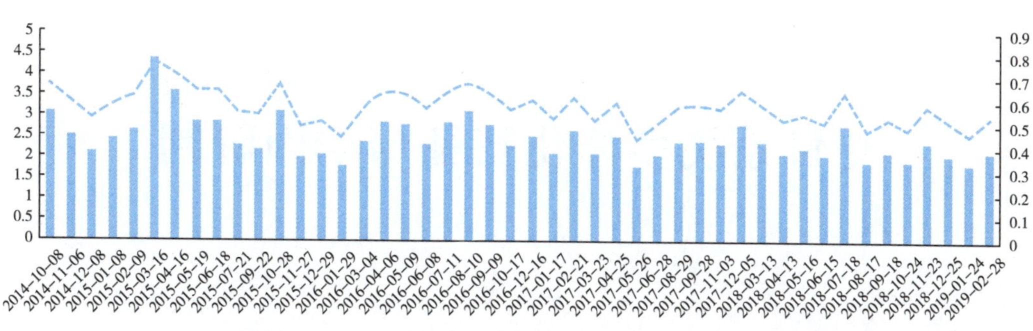

图 6　我国银行间市场的平均网络放大效应（2014 年 10 月至 2019 年 2 月）

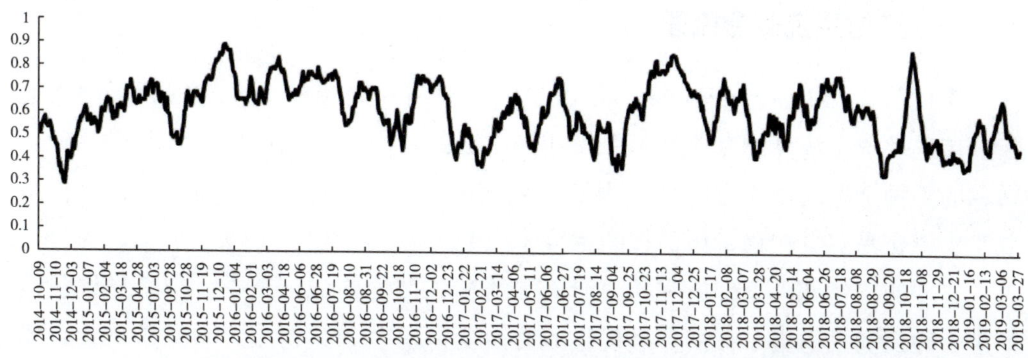

图 7　矩阵 G 的动态特征值在样本区间的变化情况（2014 年 10 月至 2019 年 3 月）

（作者系中国人民银行金融研究所与中国人民银行清算总中心联合培养博士后）

支付系统多样化特征与动因研判

曾菊儒

一、支付系统概念梳理

支付系统（Payment System）是由提供支付清算服务的中介机构和实现支付指令传送及资金清算的专业技术手段共同组成的，用于实现债权债务清偿及资金转移的一种金融安排，有时也称为清算系统（Clear System）。简而言之，支付系统是支持交易双方转移货币债权的系统。

典型的支付处理流程由交易、清算和结算三部分构成。其中，交易过程包括产生、确认和发送指令；清算过程包括交换支付指令（数据收集、交易撮合与清分）和计算债权债务（全额或净额）；结算过程包括实现货币债权的最终转移。

支付系统属于支付体系的分支机构，后者还包括支付服务组织（中央银行、银行业金融机构和非金融支付机构）、支付工具（现金和非现金支付工具）、账户系统（银行账户和非银行账户）和支付体系监管（法律法规规章、行业标准、支付规则、支付体系规划与发展）。

支付系统与支付机构存在多对一的关系，即某一支付机构可以拥有多种支付系统。2015 年 12 月 28 日，中国人民银行制定了《非银行支付机构网络支付业务管理办法》。该办法进一步丰富了支付机构种类，其所称支付机构是指依法取得“支付业务许可证”，获准办理互联网支付、移动电话支付、固定电话支付、数字电视支付等网络支付业务的非银行机构。该办法所指的网络支付业务，是收款人或付款人通过计算机、移动终端等电子设备，依托公共网络信息系统远程发起支付指令，且付款人电子设备不与收款人特定专属设备交互，由支付机构为收付款人提供货币资金转移服务的活动。该办法所称收款人特定专属设备，是指专门用于交易收款，在交易过程中与支付机构业务系统交互并参与生成、传输、处理支付指令的电子设备。

移动支付是人们日常生活中使用频率较高的支付方式，具体是指使用普通或智能手机完成支付或者确认支付，而不是用现金、银行卡或者支票支付。

传统的第三方支付是指通过第三方支付平台的交易，买方选购商品后，使用第三方平台提供的账户进行货款支付，由第三方通知卖家货款到达并进行发货；买方检验物品后，就通知付款给卖家，第三方再将款项转至卖家账户。

依照上述定义可知，移动支付是第三方支付的衍生品，第三方支付与互联网支付存在交叉关系。移动支付侧重于支付工具的选取；互联网支付侧重于线上支付；而第三方支付则侧重于第三方支付平台在交易中的地位。有研究者认为，第三方支付的作用实质上是一种信用中介，为交易的支付活动提供一定的信用保障，从而消除由于买卖双方信息不对称而产生的信用风险问题。

随着企业内外部环境的发展变化，第三方支付被赋予了更多的功能，其作为支付中介为收款人和付款人提供网络支付、银行卡收单、预付卡的发行与受理，以及承办中国人民银行规定的其他支付服务。换句话说，第三方支付就是在用户与银行、商户与银行之间建立起统一连接的中介。其中，互联网支付是多数第三方支付机构的主营业务。

下文将讨论的支付宝和财付通（微信支付）不应归结为传统的第三方支付，甚至可以说，脱胎于社交平台的财付通已经较大程度地超越了传统的第三方支付。

二、支付系统多样化特征

（一）种类多样化

我国的支付系统主要由四部分组成：（1）中央银行支付清算系统，主要包括大小额支付系统、网上支付跨行清算系统和境内外币支付系统；（2）银行业金融机构支付清算系统，主要包括政策性银行行内业务系统、商业银行行内业务系统和农村信用社社内业务系统；（3）第三方服务组织支付清算系统，主要包括中国银联银行卡跨行支付系统、集中代收付中心业务处理系统以及其他第三方支付服务组织业务处理系统；（4）金融市场支付清算系统，主要包括中央国债登记结算公司业务系统、全国银行间外汇交易系统和中央证券登记结算公司业务系统。移动支付和互联网支付属于上述四种类型的具体表现形式。

其他第三方支付服务组织业务处理系统除常见的支付宝和财付通之外，还有壹钱包、联动优势、PayPal（贝宝）、快钱、百度钱包、京东金融等。如图 1 所示，2018 年第一季度，中国第三方移动支付市场中支付宝和财付通的市场规模分别达 21.700 万亿元和 15.722 万亿元，合计占中国第三方移动支付额 40.365（21.700 +15.722 +2.943）万亿元的 92.709%，二者仍然处于绝对主导的地位。

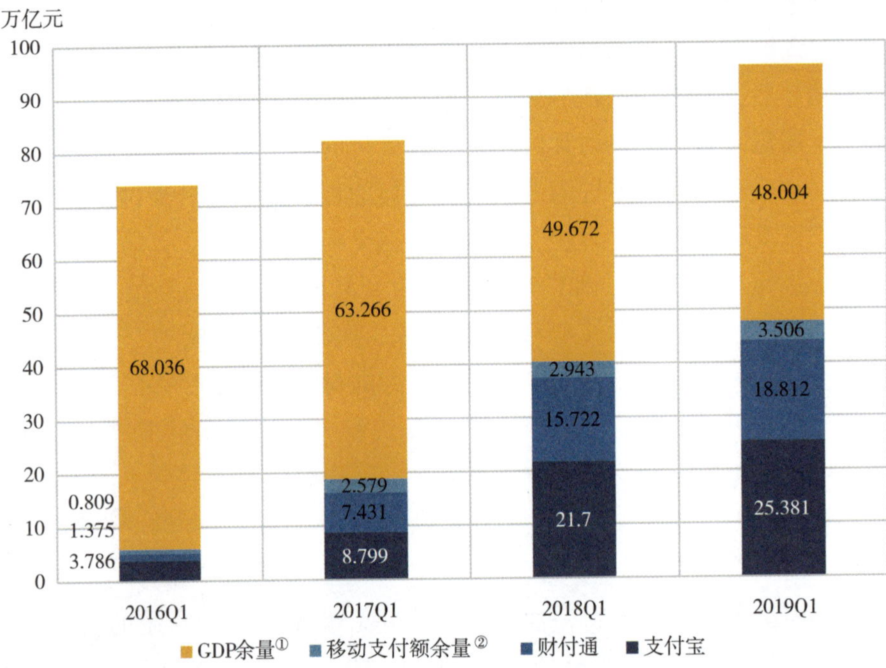

注：①GDP 余量根据当年 GDP 总量（年度数据）减去移动支付额（季度数据）所得；②移动支付额余量根据移动支付额余量、财付通和支付宝三者数据相加所得。2018 年 GDP 总量为 90.037 万亿元，因此，2018 年 GDP 余量 49.672（90.037 – 40.365）万亿元。2019 年 GDP 总量根据国家统计局上半年公布数据推算得到。

图 1　中国第三方移动支付市场交易规模

（资料来源：Analysys 易观、国家统计局）

（二）服务多样化

随着支付市场的发展壮大，其衍生的服务也逐渐多样化。具体来说，服务多样化不仅体现在场景的多元上，而且与使用人群的规模有关。银行业金融机构提供流动性和风险管理工具的能力与其提供支付服务的能力密切相关。其提供的流动性和支付服务，有明显而强大的经济意义，即如果能够直接从其存款账户进行支付，则面临流动性需求的客户黏性要好得多。

当前，支付机构进入某一行业的选择将更多取决于该行业的市场规模和业务扩展性。支付机构可基于自身支付系统的特点，为不同行业提供定制化服务，如在航空旅行、虚拟游戏、保险、基金、B2C、餐饮、物流等使用人群大、网络化程度高的行业完成支付清算工作。以支付宝的版图拓展为例，2009 年前，包括水、电、煤气、通信等公共事业性缴费市场，卓越亚马逊、京东等 B2C 电商，德邦、顺丰等物流公司，都早已归入支付宝账下。2009 年 2 月，当时国内三大在线旅游网站（携程、芒果网和艺龙）都成了支付宝的合作伙伴。阿里巴巴集团 2019

年第一季度报告显示，蚂蚁金服在特许权使用费和软件技术服务费两方面的利润达到5.17亿元，占集团总利润的三分之一以上；阿里巴巴集团下的网站月活跃用户数达7.21亿。如今，与支付宝合作的外部商家已经超过100万家，其中包含80多万家支持支付宝付款的餐厅。截至2018年11月末，大、小额支付系统共有500多家直接参与者，14万余家间接参与机构。其中，直接参与者中商业银行占比超过50%，开户特许直接参与机构约占45%；全国银行机构覆盖率超过99%。值得注意的是，小额系统有实时贷记和借记服务等共12个业务类型、50个业务种类。而从2018年开始，小额系统在包含公共事业性缴费服务的实时代付方面，经历了断崖式发展。

（三）竞争多样化

波特五力模型由迈克尔·波特（Michael Porter）于20世纪80年代初提出。他认为行业中存在着决定竞争规模和程度的五种力量，这五种力量综合起来影响着产业的吸引力以及现有企业的竞争战略决策。五种力量分别为产业内现有企业的竞争能力、潜在进入者的威胁能力、替代品的替代能力、供应者的讨价还价能力、购买者的讨价还价能力。

1. 产业内现有企业的竞争能力

相比于传统银行业支付系统，第三方支付产业内的竞争尤为激烈。1998年成立的PayPal（贝宝）、2004年成立的支付宝和2005年成立的财付通使得整个支付产业在21世纪初发展迅速。通过将电子购物平台与电子支付平台相融合，范围经济被有效构建起来。贝宝是全球最大的电子支付服务供应商，起初它将其业务作为电子拍卖和销售网站eBay（易贝）的链接服务。而如今，贝宝为易贝提供远远超出付款的服务，其中大部分与银行或信用卡账户相关联（也与银行账户相关联）。最重要的是，贝宝现在有银行经营许可证，拥有传统银行的部分权利和义务。

2017年第一季度至2019年第一季度中国非银行支付机构处理网络支付业务的交易额及环比增长率情况如图2所示。2017年第一季度非银行支付机构处理网络支付业务470.90亿笔，金额为26.47万亿元，与2016年第四季度交易额31.01万亿元相比，环比下降14.64%，与2016年第一季度交易额18.58万亿元相比，同比增长42.47%。同期，支付系统①共处理支付业务173.15亿笔，金额为1 257.32万亿元。人民银行支付系统②共处理支付业务24.39亿笔，金额为903.87

① 包含大额实时支付系统、小额批量支付系统、网上支付跨行清算系统、同城清算系统、境内外币支付系统、银行业金融机构行内系统、银行卡跨行支付系统、城市商业银行汇票处理系统和支付清算系统、农信银支付清算系统、人民币跨境支付系统、网联清算系统。其中，自2018年第一季度起，新增统计网联清算系统业务量。

② 包含大额实时支付系统、小额批量支付系统、网上支付跨行清算系统、境内外币支付系统、同城清算系统。

万亿元，同比分别增长 46.25% 和 2.86%，分别占支付系统业务笔数和金额的 14.09% 和 71.89%。

2018 年第一季度，非银行支付机构处理网络支付业务 1 101.91 亿笔，金额为 51.13 万亿元。同期，支付系统③共处理支付业务 264.83 亿笔，金额为 1 427.70 万亿元。人民银行支付系统④共处理支付业务 34.32 亿笔，金额为 1 052.64 万亿元，同比分别增长 40.72% 和 16.46%，分别占支付系统业务笔数和金额的 12.96% 和 73.73%。

2019 年第一季度，非银行支付机构处理网络支付业务 1 485.32 亿笔，金额为 58.00 万亿元。同期，支付系统共处理支付业务 1 070.58 亿笔，金额为 1 648.15 万亿元。人民银行支付系统共处理支付业务 38.90 亿笔，金额为 1 243.72 万亿元，同比分别增长 13.36% 和 18.15%，分别占支付系统业务笔数和金额的 3.63% 和 75.46%。

尽管非银行支付机构处理网络支付业务的交易额总体呈现增长趋势，人民银行支付系统依旧占支付系统业务金额的 70% 以上。也就是说，在人民生活水平、生活便利性、营商环境更好的综合环境下，整个支付市场以中央银行支付为主、非银行支付系统为辅。而在市场整体需求不变的情况下，银行与非银行支付市场是一种零和关系。特别是在非银行支付市场，由于用户认为大部分支付系统偏于同质化，因此该区域的竞争呈现一片红海。

③ 包含大额实时支付系统、小额批量支付系统、网上支付跨行清算系统、同城清算系统、境内外币支付系统、银行业金融机构行内系统、银行卡跨行支付系统、城市商业银行汇票处理系统和支付清算系统、农信银支付清算系统、人民币跨境支付系统、网联清算系统。其中，自 2018 年第一季度起，新增统计网联清算系统业务量。

④ 包含大额实时支付系统、小额批量支付系统、网上支付跨行清算系统、境内外币支付系统、同城清算系统。

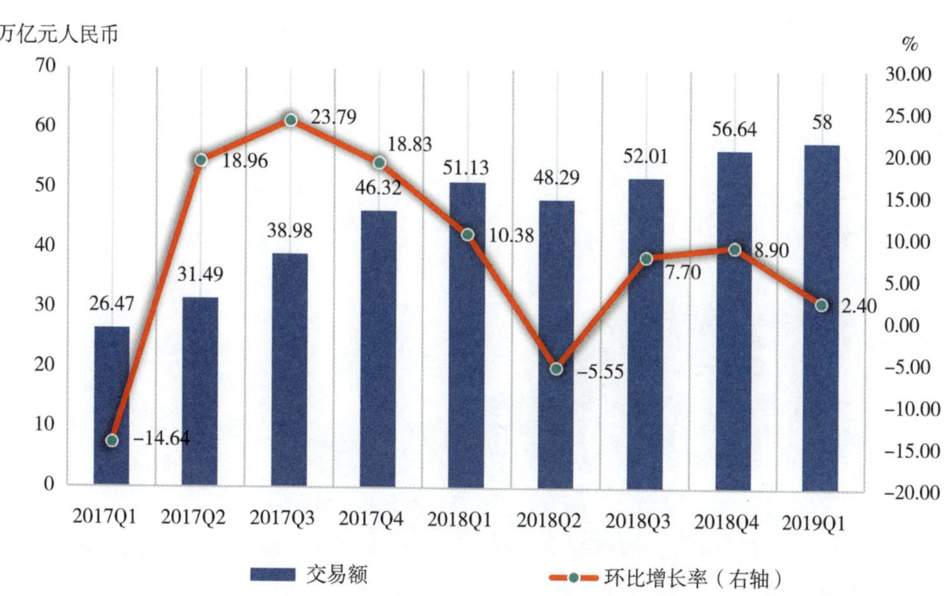

注：①中国非银行支付机构处理网络支付业务量包含支付机构发起的涉及银行账户的网络支付业务量，以及支付账户的网络支付业务量，但不包含红包类等娱乐性产品业务量。

图2　2017年第一季度至2019年第一季度中国非银行支付机构处理网络支付业务①

（资料来源：中国人民银行支付结算司）

2. 潜在进入者的威胁能力

目前，从支付机构到电子货币提供商，确实涌现出了许多非银行金融中介机构。在一些国家，非金融机构（如大型科技公司）利用其庞大的客户群优势，也正在向支付服务市场进军。在中国，部分非银行支付机构多年来一直提供类似存款账户相关的支付服务，这些支付服务的利率通常高于商业银行的存款。然而，在一定程度上，这种扩张可能会进一步加大且有利可图，一方面由于中国银行账户的扩散有限，另一方面则是银行存款受利率上限的制约。而在大多数国家，非银行支付机构不允许在其账户上支付利息，银行存款没有利率上限。

研究表明，如果非银行支付机构能够通过在其账户上提供更高的利率来应付与银行在支付服务中的竞争，那么必须有某种利好来补偿它们无法利用部分准备金所授予的利差。该利好至少可能来自以下三个方面：第一，比银行更宽松的监管要求，比如，非银行支付机构在中国的作用。第二，更好的技术，允许非银行支付机构以较低的成本提供类似的支付服务。第三，与银行涉及的范围不同且为更有效的范围经济。

潜在进入者会通过瓜分原有的支付市场份额来获取业务，特别是大型的科技公司，这不仅会降低支付市场的集中度，而且会激发现有企业间的竞争，进一步降低价格和成本差。图 3 和图 4 显示，一方面，在传统的金融市场上，大型科技公司和数据公司在经济规模、资金需求和转换成本上有一定的优势，类似的结构性障碍很难形成；另一方面，准备进入者大多可能遇到现有在位者的反击、限制进入定价和进入支付领域等行为性障碍。

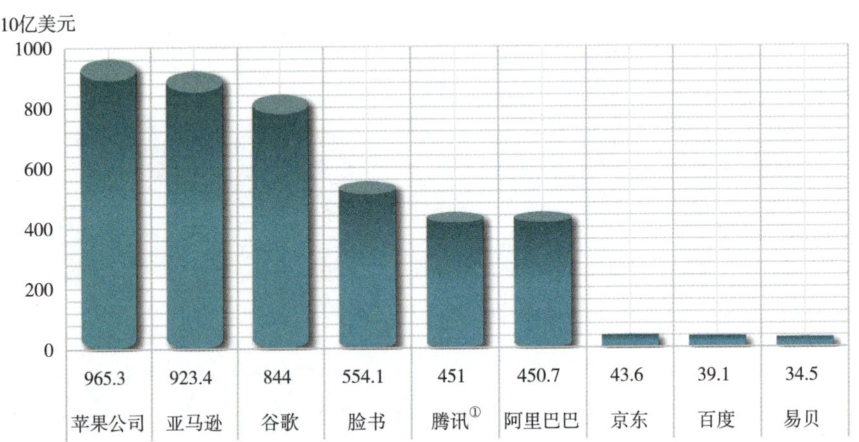

注：货币换算采用 2019 年 8 月 1 日实时汇率中间报价。

图 3　部分科技公司市值

（资料来源：东方财富网及老虎证券网）

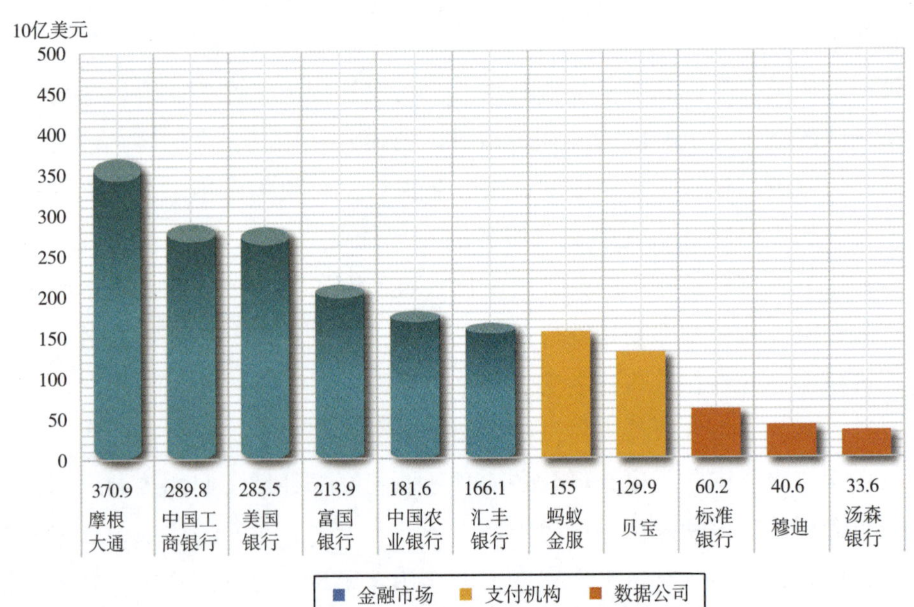

注：1. 货币换算采用 2019 年 8 月 1 日实时汇率中间报价；2. 蚂蚁金服市值选取 2018 年 4 月国际知名投行巴克莱对蚂蚁金服的估值。

图 4　金融市场和典型支付机构及数据公司市值

（资料来源：东方财富网及老虎证券网）

3. 替代品的替代能力

替代品分为直接产品替代品和间接产品替代品。直接产品替代品是指一种产品直接取代另一种产品，如苹果手机代替诺基亚手机；间接产品替代品是指起相同作用的产品非直接地取代另外一些产品，如人工合成纤维代替天然布料。进而，我们可以称移动支付间接取代了现金支付，但移动支付与现金被窃率的减少、外卖服务对方便面饮食的冲击等，体现的是一种间接影响，而非替代作用。同时，产品替代取决于两种产品的性价比。

现在，许多款项可以通过跨账户支付来转移价值，而无须现金（或其他中央银行负债，如银行储备金）。在大多数情况下，价值转移发生在银行之间。即使是许多一开始看似极具创新性的服务（例如 Apple 付费、支付宝付费），实际上也仅是技术设备更新，该服务会让用户更容易地在银行账户之间转移价值。然而支付系统的内核没有变，价值仍在基于银行的付款方、中间交易商和收款方三者之间流转。在全球化的今天，这一形式的支付方式是必然且长期存在的。哪怕是面对面支付，用户也更习惯于使用支付系统而不是现金。

正在逐步推进的人脸识别、眼纹识别、虹膜识别等生物识别技术一旦形成产品，存在对条形码和二维码支付直接替代的可能。另外，分布式去中心化的架构也可能间接替代建立在集中式架构之上的支付系统。然而，生物识别技术更多的是对现有技术的演进，分布式架构也面临极大的性能挑战。倘若技术和性能问题都已解决，则需进一步考量两种产品的性价比和用户偏好（如同许多读者偏好纸质书而不是电子书）。因此，支付产品替代还有很长的路要走。

4. 供应者/购买者的讨价还价能力

整体而言，供应者/购买者的讨价还价能力相对较弱，这是因为支付系统的纵向一体化能力很强。一方面，支付机构充分了解供应者（软硬件提供商）的成本、需求、实际市场价格等方面的信息，作为购买者将处于更为主导的位置；另一方面，作为供应者，支付机构充分地掌握了购买者（支付系统用户）的有关信息，了解用户转换支付系统的成本，从而增加了自身讨价还价的能力，并在用户能够承受的情况下，不为其提供更优惠的条件。

支付系统之所以拥有很强的自主定价能力，主要原因包括但不仅限于以下几个方面：政策法规规定、支付市场寡头格局的形成、供应者/购买者因支付系统的稳定性和便利性构建的互惠模式。

（四）技术多样化

支付大数据主要具有以下两个性质：一是多源异构性。大数据来源于多个分布式的网络，并且在结构、类型、性质和内容上存在极大的差异。在数据结构方面，除拥有库存、现金流、水电费缴纳等结构化数据之外，还有众多与网购有关的日志、聊天记录、店铺信用、货运数据、认证信息、投诉纠纷情况等非结构化数据；在数据类型方面，店铺响应时间是一个容易被忽略的关键指标，其反映的是店铺对客户的重视程度、对网店的关注力度和对客户的真实信誉度。当然，很多外部数据也可以由此引入，包括工商系统数据、电力水力等数据、经过客户授权的税务数据以及国际客户的出口退税报关数据等。数据的多源异构特点形成了主体的高维度属性，进而产生了大量的复杂关联，这是大数据最突出的特性。二是同一性。在某些交互过程中，用户既是数据使用者，又是数据提供者。数据提供者与使用者的身份同一性是大数据的显著特征。这种同一性使得经过大数据技术分析出来的结果与使用者密切关联。

支付机构在数据收集、预处理、分析、存储和服务五个方面存在多样化的技术方案。比如，在数据收集阶段，既可以采用账号密码支付，也可以采用条形码和二维码支付；在数据预处理阶段，可采用基于实时流相关处理技术（如 Akka、Redis、Spark）、分布式微服务计算框架（如 Skyline）以及分布式消息队列（如 Kafka）等。支付机构依托自身平台研发、运营及大数据优势，致力于运用人工智能、大数据和云计算等技术，向外输出包括运营服务、流量分发、研发支持在内的三大方面服务。

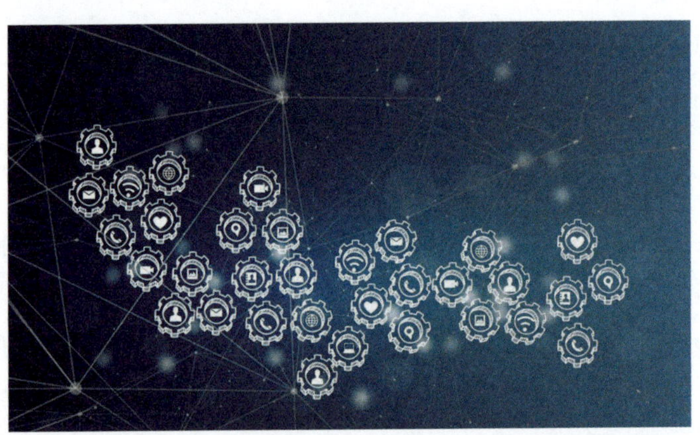

除此之外，分布式记账或区块链技术也是目前讨论研究的重点。区块链技术确有其突出的优点，比如，可以选择性地记录数字化信息、防止信息篡改、匿名操作和安全多方验证。我们常常提到公有链虚拟货币（如比特币）的数字支付，因其不需要国家或公证人保证交易的实际合法性和所转让资产的所有权，也许有助于建立信任和某些商业交流。然而，数字支付一方面要满足监管需求，另一方面要均衡处理系统能耗和效率问题，比如如何处理支付峰值等问题。当然，并不是所有系统的支付峰值都像支付宝“双十一”一样达到十几万笔/秒。因此，银行和其他非金融机构需要因地制宜、因时制宜，而这种场景匹配不仅是银行的一种选择，也适用于支付市场的新进入者。

三、支付系统多样化的影响因素分析

支付系统呈现出多样化的商业增长模式，在各国有其共同的影响因素。分析这种增长的驱动因素有助于揭示技术所造成的市场结构变化，从而对变化的经济影响进行初步评估，并对风险与收益之间的平衡进行评估。例如，如果第三方支付机构的进入主要是因为其比现有金融机构拥有更低的交易成本、更好的信息获取或更好的筛选技术驱动力，那么，这将意味着第三方支付机构给金融行业带来了更高的效率，同时也向传统金融机构无法服务到的客户开放了金融服务。同时，如果这种爆炸式发展主要是由产品捆绑驱动的，或者由于网络外部性和投资组合效应而产生的市场力量驱动的，那么评估其真实收益与风险将更加复杂，也更具挑战。

PEST 分析模型包含政治和法律（Politics）、经济（Economy）、社会和文化（Society）以及技术（Technology）四个方面，以下内容的讨论对象为相对市场化的第三方支付机构。

在经济方面：第三方支付机构的信贷扩张（被解释变量）与人均 GDP（解释变量）呈正相关。这一结果证实了一个国家经济和体制发展与第三方支付机构的信贷扩张呈正相关关系。然而，被解释变量与人均 GDP 的平方数出现负相关。也就是说，在较高的发展水平上，人均 GDP 对被解释变量的影响会变得不那么重要。

在社会和文化方面：第三方支付机构的信贷扩张与银行业勒纳指数呈正相关关系，这表明第三方支付机构的信贷扩张在银行业竞争力较弱的司法管辖区内发展较快。这一结果可以解释为第三方支付机构的信贷以相对较低的成本提供，而且对这些国家的借款人来说相对更具吸引力，也可能是高利润使得第三方支付机构本身的进入更具吸引力。同时，银行网络密度与第三方支付机构的信贷扩张呈负相关。这与第三方支付机构的信贷为无银行账户区域的客户提供服务的观点相一致，因此，它们的信贷供应是对传统银行信贷的补充。

在政治与法律方面：第三方支付机构的信贷扩张与银行监管的严格程度负相关但并不显著，换句话说，更严格的监管与较少的第三方支付机构的信贷扩张没有显著关联。这是因为监管套利的情况并不长期有效，一方面，它由当局决定；另一方面，第三方支付机构开展类似于银行的活动越多，它们越具有系统相关性，那么监管套利留有的空间将会更低。

在技术方面：支付机构通过使用大数据的人工智能技术，结合它们现有的网络和由此产生的大量数据，确实能够提升信贷审批效率和减少违约率。然而，当新的参与者进入支付市场并使用其更好的技术时，技术优势在短期内是正相关的。但是，没有明确的理由说明银行长期不会采用与非银行相同的技术。当然，银行面临巨大的转换成本，这会降低其向新技术过渡的速度。但只要技术采用速度足够快，银行就不会失去其网络经济，技术最终会相互融合。

国际清算银行和世界银行的数据显示，移动蜂窝订阅数和用户上网率在21世纪增长迅猛。以中国为例，2000年，移动蜂窝订阅数为6.6个/百人，个人上网率占总人口的1.8%；2018年，两项数据值分别增至104.3个/百人和54.3%。在移动支付盛行的时代，这两项指标原本被认为与支付机构的信贷扩张息息相关。然而，分析结果表明，它们之间的关联并不显著。

四、结论与启示

本文利用波特五力模型和PEST分析模型，对我国支付系统的基本特征和影响因素进行了系统性分析。结果表明：（1）支付系统具有种类多样化、服务多样化、竞争多样化和技术多样化特征；（2）支付系统产业内现有企业的竞争能力、潜在进入者的威胁能力是波特五力中最需考量的两种力量；（3）人均GDP、银行业勒纳指数、移动设备普及率与第三方支付机构信贷扩张存在正相关，而人均GDP的平方值、银行业监管强度、银行网络密度与第三方支付机构信贷扩张存在负相关。由于移动设备普及率和银行业监管强度对被解释变量的影响并不显著，因此，第三方支付机构若想通过提高用户支付频率或在监管力度薄弱的环节寻找发展机遇，长期来看并不十分有效。

从本文研究结论可得到如下启示：(1) 重视网络效应，尤其是由电子商务平台、消息传递应用程序、搜索引擎等产生的网络效应，评估风险与收益；(2) 提升平台一体化能力，打造供应链金融，即把供应链上的所有成员看作一个整体，围绕核心企业，将风险控制在最低水平；(3) 加强基础技术研发，攻破核心技术难题，提升数据收集和智能化处理能力；(4) 明确自我定位和界限划分，通过成本优势或差异化优势将自身与五种竞争力相隔离，识别五种竞争力的影响在产业哪一个细分市场中更少一点；(5) 开拓国际市场，掌握当地支付习惯和金融理念，重视专利申请和数据隐私保护。

开放银行的发展与监管

杨　洋

一、开放银行的概念与定义

（一）基本概念

开放银行的概念源于英文 Open Banking 一词，在国际上，其最早由英国和欧盟提出。当前，开放银行处于发展初期，涉及的业务模式、服务范围都存在较大差异，全球范围内尚且没有统一的定义。开放银行刚诞生时，本质上是银行数据的共享，同时以 API 作为实现相关目标的前沿技术手段。API 的英文全称为 Application Programming Interface，即应用程序编程接口。其本质是一些预先定义的函数，目的是给予开发人员基于某软件或硬件得以访问一组例程的能力并且无须访问源码，或理解内部工作机制的细节。

麦肯锡将开放银行定义为由两个或以上独立机构共享银行数据从而提升银行服务能力的一种运营模式。随着理论、监管与实践的深入，开放银行被赋予了更多的内涵。波士顿咨询公司（BCG）认为，开放银行是为顺应银行平台与第三方平台的一体化趋势，以客户需求为导向，以生态场景为触点，以 API/SDK 等技术为手段，以服务碎片化、数据商业化为特征，通过与第三方数据、算法、业务、流程等的融合，实现业务驱动的应用架构转型以及从前台到后台的整体体系升级，从而变成新时代银行。高德纳（Gartner）咨询公司对开放银行有类似的定义："开放银行是一种平台化商业模式，通过与商业生态系统共享数据、算法、交易、流程和其他业务功能，为商业生态系统的客户、员工、第三方开发者、金融科技公司、供应商和其他合作伙伴提供服务，使银行创造出新的价值，构建新的核心能力。"

综上所述，开放银行是一种生态合作模式，不同于现在每家银行在各自网点独立营业，而是把银行的业务能力、场景嵌入到合作伙伴当中，使金融服务无所不在。正如布莱特·金（Brett King）在《银行 4.0》一书中所述，金融服务无所不在，就是不在银行网点了（原版名称为 Bank4.0：Banking everywhere，but never at a bank）。服务模式的改变，对开放银行的能力要求也与传统银行不同。

（二）开放银行的定义框架

定义开放银行主要包括开放银行的构成和开放银行需要满足的标准两个方面。

一方面是开放银行的构成。一个开放共享的银行生态必然由多方参与者共同组成。开放银行是一个无边界的、开放的合作关系，主要有四类参与方：一是银行。银行方是将数据开放、贡献出去的参与者。二是第三方机构（开发者）。第三方机构是期待获得或者可以获得银行开放数据的参与方。三是客户。客户是享受银行和第三方机构服务的参与方，同时共享数据来自客户。四是金融科技公司。金融科技公司为银行的开放平台提供技术服务（比如平台建设、风控等服务）。以上四类参与方共同构成了一个完整的开放银行生态。

另一方面是开放银行需要满足的标准。一个严格意义上的开放银行需要符合三项标准。

第一，开放 API 是核心技术。API 可以分为三类，即内部 API、伙伴 API 以及开放 API。内部 API 仅供企业内部开发者使用；伙伴 API 供获得业务协议授权的合作伙伴使用；开放 API 不仅可供使用群体更广，而且还公开了应用程序功能，最符合开放银行的要求。

第二，数据共享是本质。共享经济在近年来不断渗入各个领域，金融行业也不例外。开放银行可以理解为银行领域的共享现象，而其共享的内容就是客户数据，这些数据是由支付、信贷、储蓄等一系列行为产生的。

第三，以平台合作为模式。有别于传统银行业务，开放银行采用的是 Bank - as - a - Platform（BaaP，银行即平台）的形式。银行不再如以往那样直接将产品和服务传达给客户，而是将各种不同的商业生态嫁接至平台之上，再通过这些商业生态间接为客户提供各类金融服务，从而形成共享、开放的平台模型。

二、开放银行的潜在影响

在开放银行模式下，多方参与者均从中获得益处。第三方机构与金融科技公司可借此获得发展机会，扩大经营业务。更重要的是，传统银行模式下的商业银行与客户，可在开放银行模式下获得更多的收益与积极影响。

（一）银行角度

从银行的角度来看，开放银行为银行带来了许多机会，例如，增加了潜在的新（数据驱动的）收益、缩短了产品面世时间和成本、创造了新的合作伙伴关系等。具体来讲，开放银行模式对银行的积极影响主要表现在以下几个方面。

一是目标市场扩大。目标市场的扩大包括两个方面，一方面，由于外部替代数据的使用，开放银行拓宽了借款人范畴。传统贷款以贷款人资产、收入状况作为是否放贷的依据。在开放银行模式下，银行借助外部替代数据，结合教育、就业背景、社交数据等信息，开创了更彻底的信用评估模式，原来可能被传统贷款模式拒绝的借款人可在新的评估模式下获得贷款，从而拓宽了银行的目标市场。另一方面，数字渠道为产品拓展提供了新的经济范式，从而拓宽了产品营销渠道。一些公司专注于某个特定市场细分领域，而另一些公司在其社区中建立了深厚的客户关系。通过伙伴模式，一些银行可以通过提供额外的产品（如合作伙伴的产品）来获得更多的回报，或者将业务嵌入其他平台获得更为广泛的销售场景。

二是产品敏捷能力提升。传统银行根据自身优势与业务逻辑开发并推出产品，其产品未必能及时反映市场需求。而开放银行是基于场景的金融服务，以用户需求为导向，及时、便捷、高效地设计与推出产品，保证产品投放速度跟上市场需求变化。以微众银行为例，其产品从概念设计到投入市场，最快的一次仅仅用了 11 天时间，极大地提高了效率。

三是成本结构降低。海量长尾客户的存在，导致银行的平均成本增加。长尾客户对银行的单客贡献度相对比较低，其每一笔交易金额可能较小、交易频度高并且借款很有可能发生在非工作时间，这些因素推高了银行的服务成本。在银行传统的服务模式与成本结构下，此类业务不可持续。在开放银行模式下，科技的使用改变了以往银行的成本结构，极大降低了每个账户的 IT 运维成本，使服务长尾客户与普惠金融成为可能。

四是超大流量交易得以实现。随着银行业务模式的创新与用户习惯的改变，同一时间多笔交易同时进行是必然的，尤其是小微银行，单日交易笔数可达亿笔级别，这对银行的系统安全及业务连续性方面提出了极大考验。而在开放银行模式下，科技的使用使之成为可能，从而既提高了业务规模，也保证了金融运行的安全稳定。

（二）客户角度

从客户角度看，开放银行可为客户提供更多的主动权与更大的便利性。主动权表现为，在如何处理金融资产和数据方面，开放银行为客户增加了选择和控制。一方面，客户可以更好地控制通过银行账户消费的产品和服务，另一方面，可更好地控制希望从哪些服务商处购买相应的产品和服务。便利性表现为开放银行极大优化了客户服务场景与服务流程，节省了客户的时间，提供了空间便利性。例如，一个电商平台希望银行为其客户提供账户查询、支付、消费贷款等服务，银行开放若干个金融服务接口供电商平台调用，那么客户就可以直接从该电商平台在线获得上述银行服务而无须再到银行办理。

三、开放银行的发展现状

（一）开放银行的全球经验

2004 年，美国 eBay 公司的全资子公司 PayPal 推出了 PayPal API，被视为开放银行发展的开端，而开放银行的概念最早由英国和欧盟提出，这两个区域是开放银行发展的先驱者。2015 年，为助力开放银行发展，英国政府承诺出台《银行业 API 公开标准》；随后，又成立了专门工作组和专项组织探索开放银行的实施，并发布开放银行相关标准框架。2016 年，英国竞争与市场管理局（Competition and Markets Authority，CMA）发布了《零售银行市场业务调查报告》，就如何提高银行业创新和提升客户体验提出解决方案，要求该国 9 家最大的银行建立统一的开放银行数据和客户资格指标、服务指标和个人/企业账户交易数据。2018 年 1 月 13 日，英国正式启动开放银行计划，9 家大型的经常账户提供商被告知要在 2018 年 1 月 13 日之前推出其开放银行计划。

欧盟于 2015 年 11 月发布《欧盟支付指令》（Payment Service Directive 2，PSD2）。该法案将两类新兴第三方支付服务提供商纳入框架，并制定了支付账户开放规则，要求银行必须把用户账户、交易数据开放给客户授权的第三方机构。PSD2 要求欧洲经济区各国必须在 2018 年 1 月之前将 PSD2 转化为法律，这为欧盟的开放银行提供了立法基础。2016 年，欧盟推出《通用数据保护条例》（General Data Protection Regulation，GDPR），通过赋予欧盟居民对个人数据的更多控制权，对包括银行在内的网络安全、数字经济提出严格监管和禁区，同时，对违反该条例的行为制定巨额处罚机制。这为欧盟开放银行的规范有序发展和欧盟个人数据保护提供了保障。

欧盟和英国的举措在全球范围内产生了重要影响，全球范围开放银行以各种形式纷纷开展起来。在世界范围内，监管驱动与市场驱动是开放银行产生与发展的两大推动力。英美等发达国家发展开放银行主要是为了满足监管需要，而中国则主要是受金融科技发展下市场驱动的影响。主要国家和地区开放银行相关政策与措施如表 1 所示。。

表 1　主要国家和地区开放银行相关政策与措施

国别	年份	重要措施	意义与影响
英国	2015—2018 年	1. 英国政府承诺出台《银行业 API 公开标准》 2. 英国竞争与市场管理局（Competition and Markets Authority，CMA）发布了《零售银行市场业务调查报告》 3. 英国正式启动开放银行计划	为提高银行业创新和提升客户体验，提出解决方案，推动开放银行发展进程
欧盟	2015—2016 年	发布《欧盟支付指令》 欧盟推出《通用数据保护条例》	为欧盟的开放银行提供了立法基础，为欧盟开放银行的规范有序发展和欧盟个人数据保护提供保障
美国	2017 年	美国消费者金融保护局就金融服务公司的数据共享和访问发布了指导方针	推动开放银行规范发展
澳大利亚	2018 年	澳大利亚财政部正在审查开放银行模式，允许客户授予第三方访问其银行数据的权限。立法也在跟进	推动更大范围的金融产品试点
中国香港	2017 年	香港金管局也在探索制定开放 API 框架，开创“智能银行的新时代”	提升消费者的银行服务体验，并促进香港与外界的合作（如新加坡和深圳），从而激励金融科技创新
中国内地	2015—2016 年	1.《中国银行业信息科技“十三五”发展规划》明确提出开放、共享发展理念，奉行互利共赢的开放战略 2. 银保监会发布《中国银行业信息科技“十三五”发展规划监督指导意见（征求意见稿）》	支持商业银行开展跨界合作，拓宽金融服务场景，探索跨领域、跨行业的服务模式，针对细分客群，提供差异性的金融服务，提升金融服务价值，重构金融生态圈

（二）开放银行全面布局

埃森哲《2018 开放银行调查》数据显示，被调研的 11 个国家和地区的 100 家跨国银行中，超过 90% 的银行将开放银行视为其数字化转型过程中的关键战略计划，超过 85% 的受访者已经或预计在 2019 年向开放银行投入资源或者计划。获取创新的银行服务（27%）与拓展其市场边界（22%）是企业参与开放银行生态系统平台的两个重要因素。近几年，国内外多家银行已经进行开放银行实践。

表 2　国内外开放银行发展实践

银行	时间	举措
中国银行	2012 年底	开放了 1600 多个接口，涉及多个领域，包括代收代付、网点查询、汇率牌价、跨国金融等服务
BBVA 银行	2015 年	全球第一家以商业化运作开放的 API 开放银行，截至目前，BBVA 在西班牙、美国和墨西哥共开放了 10 个 API 接口，包含 7 个银行零售端客户信息、2 个多渠道整合信息、1 个企业信息
花旗银行	2016 年 11 月	首次在全球推出 Citi 开发者中心功能，共开放了 7 大类接口，包括转账、信用卡、花旗点数、用户账户、授权等
华瑞银行	2017 年 4 月	推出一款综合金融服务 SDK 产品"极限"，利用互联网技术将金融服务嵌入到生活场景中，目前，"极限" SDK 已覆盖、教育、出行、旅游、医疗、养老、租房等领域
星展银行	2017 年底	共开放了 155 个 API 接口，包含 20 多个范畴，有转账、实时付款、奖励、移动付款应用 PayLah
浦发银行	2018 年 7 月	推出业界首个无界开放银行（API Bank）无界银行，将场景金融融入互联网生态，只要客户有需求，可通过企业门户网站、微信小程序、合作伙伴 App 等渠道调用银行 API，第一触点获得满足
建设银行	2018 年 8 月	推出"TOP +"战略，T 为科技驱动，O 为能力开放，P 为平台生态，要将商业银行、租赁、保险、基金等集团数据能力以服务的方式向社会开放，将技术服务推向社会，为整个社会赋能
招商银行	2018 年 9 月	以招商银行 App7.0 和掌上生活 App7.0 为抓手，支持非招行客户注册手机号，绑定多家银行卡，打破封闭账户体系，另外，通过 API、H5、App 跳转等方式，与生活场景相连接
众邦银行	2018 年 10 月	推出"众邦银行开放平台"，标志着华中地区首家开放银行正式亮相，平台将重点在供应链融资、投资、账户、支付等领域发力

资料来源：陆岷峰，张欢．开放银行：历史、现状和未来趋势研究［J］．湖南财政金融学院学报，2018（6）．

（三）开放银行的概念普及尚未深入人心

尽管开放银行已经受到监管与市场的重视，但开放银行并未真正推广开来。Splendid Unlimited 的研究显示，英国只有 22% 的人听说过开放银行这个概念，约有 9% 的成年人使用过或正在使用 API（应用程序编程接口）的服务。教育客户仍然是当前开放银行发展的重点，开放银行业务的全部动力是将客户同意放在首位，让他们在将交易数据从一个地方转移到另一个地方时，对银行充满信心（Bhatia，2018）。英国开放银行全球平台负责人 Colin Swain 也指出，尽管 2018 年是"开放银行元年"，但这一服务"进展缓慢"，开放银行的概念才刚刚开始向公众意识渗透。

四、开放银行的发展特点与挑战

（一）开放银行的发展特点

一是全球全面布局开放银行，但选择开放银行的原因不尽相同。开放银行并非自诞生起便受到欢迎，伴随着零售银行的转型趋势，开放银行逐步受到接纳与追捧。现阶段，在全球范围内，主要国家和地区纷纷出台政策支持开放银行发展，诸多银行已经开始或计划开放 API 等数据接口，或是着手建立共享平台。然而，各国发展开放银行的原因有所不同，以欧美为代表的市场更多的是为了满足监管的要求，而在东南亚及中国的市场则更多地是由金融科技创新推动的。

二是开放与隐私保护、竞争保护相悖。开放银行的底层基础是信息共享，这对消费者和银行都提出了要求。这一方面需要消费者愿意出让自己的私人信息，另一方面要求银行愿意将数据向第三方平台和客户开放。消费者会因此考虑隐私权是否受到侵犯的问题，担心隐私泄露，尤其是 2017 年 Equifax 公司数据泄露后，这一状况愈发严重。银行也会因此进一步思考将信息分享给竞争者的利弊。这要求开放银行的发展不能脱离监管，在监管框架下，以法律形式、合同形式等明确各方权利与义务。

三是监管具有双重效用。开放意味着更复杂的经营模式与更多的风险，因此监管是开放银行的重要环节。监管需要满足两方面功能，一是监管应当为开放银行的发展保驾护航，积极出台各种引导性政策，帮助搭建数据共享的基础架构，为开放银行的发展提供政策依据与便利性支持。二是面对开放银行模式下复杂多变的风险，尤其是隐私泄露问题，应当出台明确的法律或政策规定开放对象和开放程度，以及其他相关议题。

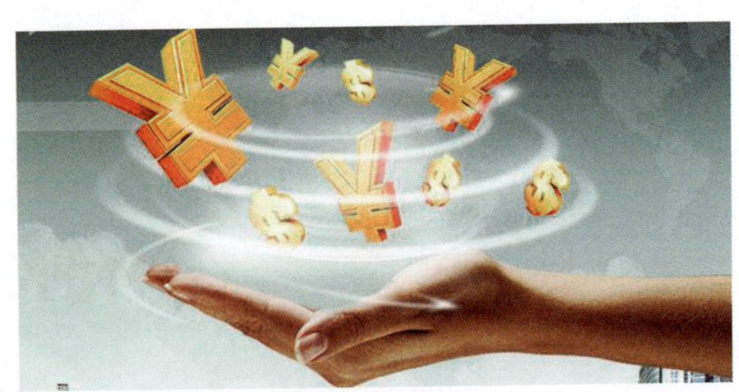

（二）开放银行发展存在的挑战

任何新生事物在发展的过程中都是机遇和挑战并存的，开放银行也不例外。

一是数据共享难以真正实现。现阶段，金融领域的数据以割裂状态为政府部门、传统金融机构和第三方机构持有。政府部门掌握税务、海关、银联、网联、水电煤公共事业和征信等数据；传统金融机构主要掌握客户金融资产、负债、交易等信息；第三方机构主要掌握客户支付、网购、物流、销售等交易行为数据。开放银行的本质要求是共享，而三方基于审慎监管、竞争保护等原因不愿意共享数据，尤其是核心数据，这成为商业银行打造开放银行的一大掣肘。

二是盈利模式和盈利能力的困惑。尽管开放银行受到多方肯定，然而现阶段开放银行的盈利模式尚不清晰，这增加了开放银行业务进一步发展的难度。凯捷管理顾问公司（Capgemini）与欧洲金融管理协会（EFMA）联合发布的《2017 年全球零售银行报告》列举了几种开放银行的变现模式，包括交易费用、收益共享、许可费用等，但市场未就变现模式达成共识。此外，开放银行的构建需要投入大量的人力、时间与资金，尤其是选择自建模式的银行，这进一步加重了银行对于投入回报比的忧虑。因此，开放银行业务能否保证投入与产出的对等是银行重点考虑的问题。

三是风险的复杂性与风险管理的艰难性。开放银行意味着风险开放，这种模式下风险敞口更多，风险的变化更加频繁，风险洼地的效应也会更加凸显，例如，数据泄露、网络安全、业务开放、合作方欺诈等新型风险会在意想不到的地方猝不及防地发生。这些问题既拉长了整个风险管理的链条，也增加了风险管理的难度。

四是专业化人才的匮乏。任何新生事物的发展都离不开专业化人才的支撑。开放银行本身处于交叉领域，需要大量复合型人才。商业银行打造开放银行需要重构组织架构、业务流程、产品设计等，通过 API 接口输出金融服务与更多关联方产生联系，这客观要求从业人员既要熟悉银行业务与知识，同时还要掌握并灵活运用计算机技术、物联网技术以及其他相关技术。

五、开放银行发展存在的问题

我国开放银行是市场驱动的结果，市场竞争这把“双刃剑”推动着越来越多的银行进行开放。在开放银行业务实践过程中，一些问题与不足逐渐暴露。现阶段，开放银行发展的问题主要存在于监管方面，此外，还包括经营管理与技术应用方面的问题。为促进开放银行稳定有序可持续发展，应该从以下三个方面梳理当前的问题与不足。

（一）监管政策方面

第一，开放银行的定义和边界尚不清晰。开放银行处于发展初期，在世界范围内都尚未有较为明确的定义，对于开放银行的业务范畴也没有明确规定。开放银行生态涉及多方主体，各参与方的定位、职责、权利也没有较为清晰的解释。此外，在数据共享的前提下，该数据的所有权归属何方，每个阶段的归属权是否唯一，其他参与方采集、开发、利用该数据的边界和规则等问题也尚待商榷。

第二，开放银行监管框架的缺失。由于开放银行真正走向公众视角的时间较短，监管层还未针对开放银行构建专有的监管框架、监管标准与监管配套基础设施。监管的意义并不仅仅在于限制与禁止，还在于指引与鼓励。例如，当前阶段，对于数据的开放程度及隐私保护的监管缺失，阻碍了开放银行的发展进程，也引发了客户的担忧。

第三，部分业务的禁止性与开放银行的开放性相冲突。在银行业，出于某些方面的保护，相关部门出台了一些禁止性规定，这与开放银行业务本质相冲突，从而影响开放银行业务的进一步发展。以联合贷款为例，部分区域的监管政策明确禁止区域性银行的资金跨区域，这与互联网的无边界服务理念相悖。此类矛盾有可能会影响业务长期可持续发展。

（二）经营管理方面

开放银行在经营管理方面的主要问题在于银行自身的开放性改造尚不完善。开放银行不仅仅是传统银行业务的延伸，也是一个新业务板块。在未来，开放银行很有可能成为银行的主流经营范式。这必然伴随着银行经营系统、组织构架、人才储备的深层次变革，而当前，银行还不具备进行深层次变革的市场环境、技术环境与监管环境。

（三）技术应用方面

开放银行关于科学技术应用的深度和广度都有所不足。当前阶段，开放银行的技术应用主要指向 API，但是开放银行的范畴并非指数据的开放与共享，因此，更加广义、宏观的开放银行需要更多的技术支持。此外，未来个性化产品的推出，需要整合多种技术并进行深度应用，在银行获取大量客户和第三方真实的场景消费信息的前提下，采用大数据、人工智能、云计算技术分析客户需求、形成客户画像数据、定制营销策略，为提供个性化金融产品创造条件。

六、开放银行发展的建议

（一）开放银行监管政策的建议

开放银行的兴起为商业银行的数字化转型提供了可能，监管政策的支持是开放银行发展的制度保障。对开放银行监管政策而言，建议如下：

一是建立开放银行指引，建立健全安全审核机制。在开放银行发展初期，各参与主体在不同角色下的权利职责、业务范畴等有待明确，建议监管机构能以鼓励的态度让商业银行在依法合规的前提下进行有意义的尝试，发布一些指引性的文件政策。同时，重视数据安全、隐私安全方面的问题，规范服务准入，严格审核服务资质，建立业务场景、系统应用、认证机制协同作用的多层安全防护体系，能够自动识别并阻断恶意攻击和非法接入。政策的制定要求既要保证开放银行涉及的安全问题得到有效解决，又要避免限制各参与主体的创新活力和动力。

二是建立健全行业标准体系，推动开放银行合规发展。开放银行的标准是保证开放银行业务合规发展、风险防范、数据安全的必然要求。开放银行业务涉及众多参与主体，明确各方对外开放和引入开放的统一标准至关重要。欧洲在开放银行的实践中，已经通过 PSD2 法案将部分开放接口强制化与标准化，我国目前还没有相关的法案与政策。数据共享的范围和边界、技术平台的安全标准、数据共享的规范等有待明确化与标准化。建议监管部门设立数据标准、技术标准以及共享标准，实现数据的互联互通和系统的互操作性。

三是完善基础设施建设，促进开放银行发展效率提升。第三方中立的基础设施能有效解决开放银行各方成员之间信任缺失的问题，增强各方凝聚力、提高参与度。开放银行的基础建设主要是指数据信息的共享机制和共享平台。由于建立开放银行的前期投入较大、开放银行各参与方利益保障等原因，开放银行参与者任一方主导建立基础设施都不可行，建议监管层作为顶层设计方，集合多方资源与力量建设基础性的共享机制和平台，提供标准性服务，促进开放银行发展效率提升。

（二）开放银行经营管理的建议

对于开放银行在经营管理方面存在或未来将会存在的问题，建议监管机构加强指引性政策的出台，规范开放银行的变现模式，对于符合安全稳定原则的变现模式给予大力推广。此外，为应对未来开放银行的发展趋势，监管层应当从顶层设计上梳理与布局开放银行的内部管理、业务划分与组织架构的改革，银行业应当积极响应未来可能的变化，在保证当前业务发展的前提下，摸索适用于未来开放银行的经营方式、管理方法与盈利模式。同时，银行应当提前布局开放银行专业化人才的引进与培养，强化专业化人才队伍建设，为开放银行的可持续发展提供有效的人力支撑。

（三）开放银行技术应用的建议

开放银行业务的实现正是基于技术的支持，因此，助力开放银行发展，必须重视技术的结合与应用。

一是应稳健推进 API 开放平台建设，构建开放银行生态圈。就商业银行而言，银行 API 开放平台是目前的主流经营模式，也是未来发展的必然趋势。在当前阶段，开放银行整体还处于发展的初级阶段，API 平台建设需遵循行业发展特点、依据银行自身情况稳健推进。开放银行生态圈的建设可参考支付宝、微信生态圈的模式、技术与服务，构建符合开放银行监管需要、发展需要的高包容性、安全性的生态圈。

二是大力开发科学技术的应用。科学技术已经渗透到银行业的方方面面，开放银行的发展必然不能缺少科学技术的发展与支持。面对互联网高业务量并发场景，如秒杀、浪涌等，系统必须具备高可用、弹性伸缩的扩容能力，一个强大的 IT 系统必不可少。此外，区块链技术、云计算、大数据技术已经被广泛应用到银行业，将以上技术融入开放银行的业务场景可以预见，应鼓励与支持深度挖掘科学技术的应用，坚持将新技术纳入开放银行生态，提高开放银行的业务效率与安全性。

（作者系中央国债登记结算有限责任公司与中国人民银行金融研究所联合培养博士后）

如何读懂中国华为

——华为成功的十条经验

高尚全

2018年12月，美国指使加拿大非法扣押孟晚舟。2019年5月，美国总统特朗普亲自下令打击华为，禁止美国高科技公司向华为出口各种技术部件，美国政府领导人也多次游说欧盟和亚太盟友禁止使用华为5G。在这多重压力下，有人认为华为非垮不可。但实践是最好的检验，华为没有倒下，2019年10月，华为向全球发布了2019年第三季度业绩：

在收入方面，第三季度累计增长24%，达到6108亿元。在5G方面，第三季度累计发货5G基站40万台以上，其中一半订单来自欧洲。在消费者业务也即手机业务方面，第三季度累计发货1.85亿台，增长高达26%。这也是在美国的打压下，Google禁止华为接入安卓升级系统，华为新手机在海外承受巨大压力的情况下取得的成绩。

华为从小企业发展壮大，从搞交换机贸易起步，发展成为世界一流企业。虽然国家没有投入，但是华为对国家、对人民作出巨大贡献。2018年，华为在国内纳税总额为905亿元，十年来累计纳税4689亿元。华为还解决了18万人的就业问题。华为的全球排名从2010年的第393位上升到2019年的第61位，这是跳跃式的发展。全球三分之一的人口使用华为设备。华为为什么能成为世界一流企业？为什么会在受到特朗普政府严重打击之下，没有倒下来，还能取得较好的业绩？笔者经过实地考察研究和深入思考，总结了以下十条经验：

第一，以客户为中心。为客户服务是华为存在的唯一理由，客户需要是华为发展的原动力。

华为创始人任正非说过，华为没有什么背景，也没有什么资源，除了拥有自己其他一无所有，一切进步掌握在自己手里，不在别人手里。知识与文化的力量是巨大的，不是上帝给的。这是华为成功的动力之源，虽然任正非说华为没有成功，华为只是在成长。

第二，以奋斗者为本，长期坚持艰苦奋斗。

华为快速发展的内生动力就是实现职工持股，使员工成为企业主人。我们过去说员工是企业主人比较虚，但是华为员工真正成为企业主人。美国打压的结果，使华为员工更团结了，积极性更高了。

笔者听到过华为的一个员工到非洲小岛上进行开发的故事，他一个人、一条狗、一个厨师，每天只有一个小时有电供应，在这样艰苦的条件下他坚持下来了，后来小岛上使用了华为先进的设备。

第三，建立员工、客户、投资者利益共享机制。

华为公司成立以来，比较注意资本收益与劳动收益的平衡，这在《华为基本法》中也有所体现。任正非第一次来北京与我交流的时候，从下午 3 点一直谈到晚上 10 点，谈得很广泛，我说当下我们国家存在着资本收益远大于劳动收益的问题，国家解决起来比较困难，在华为解决起来比较容易一点。如果不解决这个问题，高管持股比例就高，收益就高，造成劳资矛盾突出。所以为了缓解矛盾，资本收益、劳动收益要平衡。后来华为提出了资本收益为 1，劳动收益为 3，按这样的比例分配。

第四，竞争力来自创新力。

华为 5G 领先，除了员工有内在动力机制外，笔者觉得还有一些华为独有的成功之处。第一，华为有大量的科研投入。华为研发投入占销售收入的比例以前是 10%，最近几年增加到 15%，只有这样的投入比例，才有华为持续的创新能力。这样的研发投入，推动了技术进步，增强了企业竞争力。2018 年，华为科研投入为 1015 亿元。第二，华为员工当中 45% 是搞研发的，搞技术创新，华为员工中三万人是外籍人员。第三，把研究中心建立在有能人的地方，在国外寻找市场。外部力量对华为技术领先也起到很重要的作用。

第五，忧患意识、自我批判是华为不倒的重要原因。

1998 年，任正非说，华为是否会垮掉，完全取决于自己，取决于管理进步。

管理是否进步的标准，一是核心价值观能否被我们的干部接受，二是能否“自我批判”。2008 年，任正非又说：华为奋斗的实践，使我们领悟了“自我批判”对一个公司有多么重要。如果没有坚持这条原则，华为绝不会有今天。没有自我批判，华为就不会认真听取客户的需求，就更不会密切关注并学习同行的优点，就必然被竞争激烈的市场环境所淘汰。

第六，重视基础研究和基础教育是振兴华为的根本。

华为长期重视基础研究和基础教育，认为没有基础研究，产业就会被架空。一个产业的诞生和振兴，需要无数科学家百年的开放合作，需要坐十年冷板凳的科研精神。基础研究的根本在于基础教育，需要形成一片人才黑土地。所以华为是用最优秀的人培养更优秀的人。

第七，任正非以身作则，榜样的力量是无穷的。

任正非是华为的创始人，投资 21000 元起家，但本人的股份占比只有 1.4%，98.6% 的股份由员工分享。为了华为的生存和发展，任正非鼓励大胆直言。有一次华为请了几位科学家座谈华为未来的发展方向，大家认为在万物互联的趋势下，物联网是华为下一步发展的重点。当互联网刚兴起的时候，华为就先行一步。

任正非平易近人，生活简朴。我们交谈时，他自己开车来，没有前呼后拥。他公差出去往往也是一个人。这是榜样的力量。华为建立了一套严明的奖惩制度。奖励提拔屁股对着老板的人。光为领导服务了就疏忽了为客户服务。我听任正非讲过一个故事，他发现下面业务部门作假，便毫不留情作了处罚，任正非说他自己有领导责任，所以罚了 100 万元，下面值班 CEO 每人被罚了 50 万元。

第八，将合规落实到所有业务活动和员工管理中。

华为 2007 年建立贸易合规体系，组建由集团首席合规官负责的全球合规责任体系。法律道德与全球合规是华为在全球生存、服务、贡献的最重要基础，华为将合规落实到所有业务活动和员工管理中。

第九，公司治理从人治走向法治。

华为开始实行高度集中的管理体制。任正非说权力太集中导致风险太大，人在机构在，人不在机构就亡了，所以在公司治理上努力探索法治化的道路，权力适当分散以调动方方面面的积极性，因此，华为建立了 CEO、华为董事长轮流值班制度。这是一个有效的举措，华为从轮流值班制度中选拔接班人。

第十，深圳为华为创造了良好的经济环境、法律环境和营商环境。

深圳是中国改革的先行者，一直走在前面，18 年前华为就参与了怎样将深圳建设成为中国特色社会主义示范区的讨论。深圳为华为的发展创造了良好的经济环境、法律环境和营商环境。

（作者系中国经济体制改革研究会原会长）

践行科技国寿战略　加强保险服务供给

钱维章

深化金融供给侧结构性改革是在全面总结中国金融业40年改革发展经验，以及近年来国内外经济金融形势的基础上，在中国经济发展进入新时代背景下提出的我国金融改革和发展的新方向。习近平总书记2019年2月22日在中共中央政治局第十三次集体学习时强调，深化金融供给侧结构性改革，要贯彻落实新发展理念，强化金融服务功能，找准金融服务重点，以服务实体经济、服务人民生活为本。中国人寿作为国有大型金融保险企业，紧紧围绕供给侧结构性改革这条主线，探索出一条科技驱动转型的发展路径，在提升产品供给能力、提高服务供给水平、加强风险管控能力、深度参与社会治理等方面取得了较好成效，并在此基础上总结相关经验，明确了下一步工作思路。

一、保险供给侧结构性改革的主要目标

中国人寿结合保险客户的需要和保险业务的特点，以客户为中心，将供给侧结构性改革的目标聚焦在以下四个方面。

（一）提升产品供给能力，满足客户多样需求

在产品设计上，提升公司对风险的识别、定价、管理能力，围绕产品的消费场景、保障范围、保障形式、定价方式等开展创新，增加保障型产品，满足客户对保险产品个性化、差异化、定制化的购买需求。在产品投放上，大幅缩短产品上线周期，实现对客户需求的快速响应。在产品营销上，实现精准营销，多渠道推送，使客户对保险产品触手可及。在产品运营上，持续关注用户反馈，迭代优化保险产品，更好地满足客户需求。

（二）提高服务供给水平，改善客户服务体验

在服务效率上，变革业务模式、优化作业流程，大幅提高业务办理时效，为客户提供极致体验。在服务内容上，加强信息透明化，为客户提供翔实、准确、简洁的服务信息，方便客户办理业务，同时，向客户提供健康、医疗、养老等增值服务，一站式满足客户需求。在服务方式上，线下业务线上化，线上业务移动

化，打通全流程，使客户足不出户即可办理保险业务。

（三）加强风险管控能力，维护保险供给稳定

建成覆盖全业务类型、全业务场景、风险要素全面的智能风控体系，提供覆盖三道防线的智能风控能力。实现营销员智能风险监测、客户“反洗钱”可疑交易智能化识别和查证、操作人员风险的智能监控和查证、管理风险和保险风险预警。完成信用体系建设，逐步建立并完善客户、营销员、机构和交易对手的信用评级体系。形成客户防风险、企业降风险、保险更保险的发展局面。

（四）积极参与社会治理，拓宽保险供给空间

充分发挥公司网点覆盖面广、人员数量多、服务专业化且能力强的优势，将保险嵌入社会治理体系，在基本医疗保险、大病保险、扶贫保险、护理保险等领域，扩大经办范围，创新经办模式，协助政府提升社会保障水平，推进一站式结算，便于参保群众报销，开展风险管控，放大医保基金效应。

二、科技创新是保险供给侧结构性改革的根本动力

习近平总书记指出，供给侧结构性改革，“结构性”三个字十分重要，重点是解放和发展社会生产力，用改革的方法推进结构调整，提高全要素生产力。可见，供给侧结构性改革，实质是生产力要素的改革。保险公司的主要生产要素通常包括机构、网点、队伍、资本和科技，其中，科技的创新是新旧动能转换的根本动力，在所有生产要素中起支撑引领作用。

第一，只有科技创新才能从根本上驱动保险供给侧结构性改革。传统生产要素的变革逐渐遇到瓶颈，不适应客户日益提高的要求，不能实现业务持续高速增长，难以应对“降维打击”，只有科技创新才能从根本上革新业务模式，充分发

挥生产要素潜力，甚至创造新的生产要素，比如，“数据”已逐渐成为公司的核心资产，在“经营”中发挥着越来越重要的作用。

第二，科技创新能增强供给结构对需求变化的适应性和灵活性。进入21世纪以来，新一轮科技革命加速发展，并以前所未有之势带动产业变革，影响并改变着社会的生产方式和生活方式，其发展和变化速度之快超乎想象。金融科技的创新，有助于实现产品的灵活创新、精准定价、精准营销和快速销售，破解保险产品同质化、应用场景窄等问题；有助于提高服务的时效性、便捷性和友好性，准确地提供各类数据的流转轨迹，破解保险服务周期长、不透明等问题；有利于提供更可靠的信用基础，助力金融体系正常运行；有利于开放共享，有效接入普通大众和小微企业。

可见，切实推进金融科技发展，将极大地优化保险业发展的要素基础和结构，提升保险公司发展的质量。

三、科技驱动保险供给侧结构性改革的实践

按照供给侧结构性改革的需要，中国人寿以客户为中心、以生产单元为重心，聚焦价值、聚焦“大个险”，提出“科技国寿”战略，全力建设“科技驱动型”企业，加快推进从人力驱动向人力与科技双轮驱动转型，充分利用大数据、人工智能、云计算等新技术红利，在科技化创新方面取得一定成效。

（一）科技赋能产品创新

通过服务解耦与流程再造，提高新产品上线效率，打破组合销售限制，推出长短万险种组合、任行保等产品，满足客户灵活组合、按需购买的个性化需求，实现保险产品的场景化创新。基于大数据技术实现精准营销，并支持产品灵活投放到App、微信、官网、第三方机构等渠道，提高保险产品可获得性。

（二）科技推动服务提升

利用移动互联、人脸识别、电子签名等新技术，优化业务流程，大幅提高投保和保全等业务效率，增强服务透明性，例如，保单借款业务办理时间从2天缩短到1分钟，各项借款内容清晰明了。利用大数据、人工智能技术，实现理赔智能反欺诈，一天内完成重疾险理赔，大幅缩短服务周期。构建“保险+健康”生态，为客户提供投保、保全、理赔、健康万里行等服务。打通数据通道，连接客户和销售人员，使销售人员能够及时为客户提供专业服务，提升客户体验。

（三）科技强化风险管控

利用机器学习技术对“反洗钱”可疑交易进行智能识别，提升可疑交易识别

准确率，利用知识图谱技术实现“反洗钱”可疑交易的智能查证，提高审计查证效率，顺利完成 FATF 国际评估访谈，通过银保监会“偿二代”SARMRA 现场评估，得分行业领先。基于大数据技术，实现保单数据检核，完成保费、账户、付费、理赔、保全、产品 6 项专题数据治理检查，降低数据质量风险，高质量完成监管信息报送工作，在全行业评比中位列第一。

（四）科技拓展保险空间

在创新经办模式方面，提供健康保险业务经办服务，实现医疗费用一站式结算、新农合参保人员的跨省就医和联网结报，探索出新乡模式、洛阳模式、郑州模式等典型模式，累计服务数亿人次。为参保人员、护理机构、评定机构、评定人员提供一揽子系统解决方案，实现长期护理保险业务的全流程贯通，有力支持公司投标工作。利用知识库及规则库初步对医疗数据、医疗服务行为进行筛查，审核出可疑金额数千万元，有效提高了公司的专业管理能力，放大了医保基金效应。

四、科技驱动保险供给侧结构性改革的思考

随着“科技国寿”建设的不断推进，公司数字化转型持续深入，供给侧结构性改革的成果逐步显现，产品供给日趋丰富，服务品质不断提高，风控和服务社会的能力稳步增强，但面对不断提高的业务发展要求，科技驱动能力还需进一步加强。例如，业务支撑能力还需进一步打磨、沉淀，以应对更复杂、更灵活的业务场景组合，支持产品和服务快速创新；智能化应用还需进一步深入，在智能化产品营销、服务和风控等方面进一步拓宽应用场景，融入流程再造，提升交互体验；系统开放性还需进一步提升，要充分利用外部合作机构的优势、贴近一线的

业务特点，提供多触点服务、适应个性化的要求。以上问题归纳而言，主要是“业务敏捷性、服务智能化和能力开放性”有待提升，后续工作将重点关注这三个方面。

（一）从能力建设到能力运营，提高业务敏捷性

近年来，通过产品、契约、核保、保全、理赔等业务中台的建设，已打造了较强的业务支撑能力，但是，这些业务支撑能力只有在不断使用过程中才能持续完善，得到滋养，从初期单薄的功能沉淀为企业宝贵的 IT 资产，进而打造出 IT 精品，提高业务创新的敏捷性。因此，需紧跟快速变化的需求，进一步解耦功能，加强复用，丰富服务内容，提高服务的灵活性，适应客户多样性需求，并通过全链路运行监控与分析，不断消除短板，迭代完善现有业务支撑能力，改善服务体验。

（二）从感知智能到认知智能，加强服务智能化

人工智能一般分为计算智能、感知智能和认知智能三个层面。保险行业内人工智能应用的发展，是一个逐渐深入的过程，前期感知智能类应用较多，当前人工智能应用已进入深水区，公司还需要在认知智能类应用上发力，打造新的竞争优势：一是建立数据试验区，利用全面的数据训练模型；二是实现模型自动化迭代升级，提高模型更新效率；三是充分挖掘应用场景，在智能精准营销、智能核保、智能理赔反欺诈、智能风控等领域深入应用，提高服务便捷性、准确性，提高智能化水平。

（三）从接入聚合到对外赋能，提升能力开放性

在接入聚合各类外部资源的同时，将自身业务和技术能力开放出去，便于第三方机构、集团成员公司代理公司业务，支持分公司 IT 人员打造符合本地特点的应用。在互联网时代，客户的触点是多样的，这就需要将我们的各类服务能力投放到其他客户触点，使客户随时随地都能享受到全方位的服务。此外，业务合作的范围是不断扩展的，这就需要将我们的服务能力提供给包括集团成员公司在内的其他代理渠道，充分发挥各类生产要素的作用。同时，信息技术本身正在从成本中心演变为资源中心，我们可以把技术能力开放出去，共享技术，驱动发展。

落实“科技国寿”战略部署，实现保险供给侧结构性改革，任重道远，中国人寿科技条线将与时俱进，加强学习，锐意创新，奋力将科技打造为公司的核心竞争力，支持公司数字化转型，为客户提供高品质服务。

（作者系中国人寿保险股份有限公司科技总监兼研发中心总经理）

科技赋能下智能风控的现状与趋势

杨 娟 谢远涛

一切金融系统的核心都是风险管理，而保险业的生态圈过于庞大，包含的业务流程远远复杂于其他金融系统，特别是保险财务的核算，更多依赖于风险评估，使得保险的风控显得尤其重要。

然而，在保险业发展的初级阶段，保险欺诈与渗漏的比例较高，手段专业多样，严重制约了盈利能力和营运能力。根据国际保险监督官协会（IAIS）的测算，全球每年有20%～30%的保险赔款涉嫌欺诈。而据保守估计，我国车险行业的欺诈渗漏比例至少达到20%，对应的每年损失超过200亿元。2018年上半年，保险欺诈案件超过130起，涉案金额为3645万元。

保险作为经营风险管理的行业，风控却严重依赖“人工＋经验管控”，成本高、效率低。2018年，财产险公司平均综合成本率高达100.1%，综合费用率达到40.7%。中小财产险公司的人力成本超过15%。根据FRISS的《保险欺诈调查报告》，有67%的保险公司仍需通过“工作人员的经验”甚至是直觉（45%）来检测欺诈案件和识别高风险客户。

在流量为王的互联网电商时代，信息割裂更加严重，层层壁垒下风控效果不佳。

保险科技从另一个角度切入智能风控，科技赋能可显著抑制保险欺诈与渗漏，提升风控的效果和效率，在保护各流量方利益的前提下，实现信息交换，成为保险行业转型发展的核心竞争力。

一、智能风控在保险行业中的应用

保险科技广泛运用于保险业务的产品、营销、承保、理赔、运营等环节，在提升收入、提升效率、提升服务，以及降低成本、降低风险等方面都取得了阶段性成果，逐渐实现科技对保险业务流程的全面渗透，催生保险生态的新模式，同时为保险监管科技的发展提供支撑。

从产品环节来看，保险科技通过海量场景服务来获客，根据场景智能定制实现差异化竞争，降低产品开发风险；通过立体化数据实现精准定价，降低定价风险。例如，众安保险将场景化与定制化深度融合，打造生态化保险。安联财险运用机器学习、大数据分析等技术开发了新一代承保定价系统，风险因子超过 800 个，实现高度灵活的价格配置，可支持每日进行一次市场价格调整。

从营销环节来看，大数据客户分析可实现实时客户画像；通过 AI 进行分群建模；推动传统的线下营销向嵌入式、互动式、社交化营销转变，让保险营销环节更精准有效；提升销售成功率、降低退保率。例如，平安人寿进行销售模式变革，推出 SAT（社交辅助营销）系统，融合了人脸识别、OCR、智能推荐、智能派工、LBS 和语音交互等领先技术，帮助代理人实现实时连接、高频互动和精准营销。使各类数据流和信息流均可以客户需求为驱动自动流转，实现全渠道、全链条打通。客户接触频率低，传统保险公司平均每年与客户接触仅 1～2 次，关系维持薄弱。2018 年，平安人寿 SAT 智能营销系统触达人数达 2.2 亿人次，互动次数达 13 亿次，配送线索达 10.8 亿条。

从承保来看，通过流程自动化、智能认证、智能核保，提升效率。泰康开发了首个全流程数字化与智能化的认知核保系统，将人工智能技术与医学知识、保险业务紧密结合，打造了 AI 体检数据采集引擎和 AI 核保决策引擎，使得核保更便捷，风控更有效。John Hancock（恒康保险）宣布将停止承保传统人寿保险，只销售通过可穿戴设备和智能手机追踪健身和健康数据的“互动式”保单，住院费用降低了 30%，保单持有人的寿命比其他受保人群长 13～21 年。

从理赔来看，识别虚假信息/恶意行为，降低欺诈渗漏；实现流程自动化，提高信息交互实时性。2017 年，平安“智能闪赔”技术搭建了覆盖 98% 市场车型、85% 定损配件、96% 定损工时的千万级、地域化数据库，配合一整套反渗漏及反欺诈模型，实现车物定损与人伤定损的自动化。这为平安产险控制了约 82.2 亿元的理赔渗漏，使车险反渗漏金额由 30 万元/日提升到 1250 万元/日，带动理赔运营效能提升40%以上。应用最先进的图片识别技术，提供通过拍照自动识别车辆损失的图片定损工具，将车辆理赔定损缩短至“秒级”，理赔服务质量得到显著提升。

从运营来看，通过智能客服，提升服务质量管控，降低作业成本，减少流程时长，提升作业效率，改善用户体验。例如，平安保险人工智能客服覆盖客户服务90%的环节，智能客服问题解决率高达95%，从而降低运营成本，创造成本优势。富国生命保险引入IBM公司的WatsonAI系统，采用人工智能取代赔付评估部门的30多名员工，预计每年可核查超过13.2万宗案例。华夏保险使用机器人辅助人工，回答准确率高达93%。

二、智能风控的发展趋势

随着金融科技的深度应用，保险行业风控呈现数字化、立体化、前置化、智能化的趋势。

数字化的含义是：建立标准基础数据库，增强预警和决策支持能力；优化风控规则和模型，提高甄别准确度与效率。例如，金融壹账通智能车定损构建标准数据库与渗漏管控引擎，搭建了覆盖98%市场车型、85%定损配件、96%定损工时等的千万级、地域化数据库，配合一整套反渗漏及反欺诈模型，实现车物定损与人伤定损的自动化。在实战方面，金融壹账通与某大型产险公司合作上线AI智能闪赔，三个季度以来总减损金额达到3400万元，减损率从4.5%提高到6.8%，配件及工时价格覆盖率提升至少一倍。

立体化的含义是：使用多维数据对风险进行立体识别；鼓励多方共建风控体系，有效提升风险管理能力。例如，金融壹账通车险反欺诈系统将风险识别由“从案”向“从人+从车”等多维度拓展，模型精准度提升10倍。美国医疗信息局（MIB）收集信用、健康、医学检验、生活习惯等六个方面230多种数据，为北美地区近500家寿险、健康保险及再保险公司会员提供数据共享服务。

前置化的含义是：按照中医治未病的思想，把风险管控前置到风险事故发生前。例如，利用“物联网+大数据”降低财产出险及损失；使用可穿戴设备助力改善客户健康状况；借助代理人管理工具降低保单销售风险。又如，John Hancock通过追踪健康数据而给予客户不同的优惠政策，实现精准定价，国内很多健康保险公司也采用了类似的机制设计。再如，平安产险推出的鹰眼系统（DRS），可提供中国境内11.85亿个物理空间单元上的9种自然灾害和5种最常见农作物的主要自然灾害风险评级，2018年全年，为超过12000家企业客户提供防灾防损和隐患排查服务，年发送灾害预警信息55万条次，协助客户防灾减损、保护社会财富金额超过6亿元。中国代理人1年留存率不足50%，个别险企首年流失率甚至高达80%。而金融壹账通的AI代理人甄员系统通过历史数据挖掘和专家经验刻画出易留存代理人及易脱落代理人两类画像，覆盖准增员近千万人，13个月留存代理人识别率达95.4%。

智能化的含义是：通过图片识别远程定损；利用生物识别验证身份；通过情绪识别辨别欺诈行为；落实区块链技术实现信息安全共享。例如，金融壹账通自动判断损失的车辆型号（覆盖100%的车型），识别损坏的外观部件以及23种不同车辆损失程度。通过对千万级历史数据的机器学习，目前适用案件的定损准确率超过90%。金融壹账通推出的基于生物识别的智能双录，节约大量的人力成本，实现风险管控的100%覆盖。通过虹膜、眼纹等识别真人与视频、照片等的区别，远程判断被保险人真实生存情况。金融壹账通Gamma Lab将自主研发的微表情识别技术投入到保险反欺诈中。民生健康在完成的基于区块链技术的分布式匿名数据交换POC项目中，借助区块链与一系列技术的有机结合，在不侵犯客户隐私的前提下，安全共享、交换数据，从而进一步挖掘数据价值并进行创新。安联、瑞再、Aegon（荷兰全球人寿）以及苏黎世保险集团等在2016年10月创立了B3i（区块链全球保险行业联盟）组织，通过提高数据质量和安全性，以及商业流程速度和透明度，降低成本，保险价值链效率提升最高可达30%。

因此，保险行业通过数字化来优化风控模型，通过立体化应用多维数据，通过前置化提升预防能力，通过智能化落实智能规则。

三、结语

国内外一些大型险企已经在智能风控领域上作出了标志性的产品应用，中小险企如果不能跟上保险科技的发展步伐，必将被边缘化，进而被科技大潮淹没。按照比较优势理论，中小险企需要整合第三方技术储备，“联防联控”，共筑差异化风控体系。而监管部门及行业协会只有通过搭建平台，完善法制，共建标准，才能推动共享，实现集约化发展。

保险行业整合了一个完整的生态系统，保险行业上下游需要各自发力、相互协作，共同推动保险智能风控体系的建立和良性运转。

（作者单位分别为中国科学技术发展战略研究院、对外经济贸易大学保险学院）

数字化企业：从试验到转型

周有容　译

数字技术的出现加剧了市场竞争，对各行各业都形成了一定的冲击。同时，数字技术也能够激发创新，推动经济走向长期繁荣。为帮助企业管理人员更好地理解数字技术带来的挑战，推动企业完成数字化转型，贝恩公司与世界经济论坛联合发布报告《数字化企业：从试验到转型》。报告指出，数字化试验相对容易开展，但真正实现数字化转型却很难。同时，应对数字技术带来的冲击不仅仅是对技术人员的挑战，企业管理人员也要积极参与其中。最后，企业实现数字化转型要制定明确的目标以及行动计划，包括明晰的数字化战略、创新的商业模式、有效的驱动因素与多方统筹协作的工作机制。

一、数字化战略

在数字技术被广泛应用之前，占据市场主导地位的传统企业优势明显。它们不用像初创公司一样紧跟技术和市场偏好的变化，长期积累的各方面优势足以为它们赢得更多的时间应对新的变化。然而，数字技术的广泛应用让新创意能够更广泛地传播和应用，快速应变能力的价值大大提升，传统企业的优势逐渐缩小。甚至在一些领域，传统企业长期积累的资本反而成了限制它们进一步发展的约束。

在数字原生企业（Digital Natives）的冲击下，传统企业以大量事实为行动依据，以季度为业绩考核周期，以牺牲长期利益为代价奖励短期业绩的战略规划方式开始受到质疑。我们认为，传统企业的战略规划依然有效，但在设计上要更加灵活和具有未来导向。

（一）启动数字化变革

企业数字化转型的第一步应该是制订明确的计划。很多公司都在不遗余力地发展数字化项目，它们启动了数以千计的试验项目。但这样的发展模式缺乏统筹规划与协调，导致数字化发展缺乏明确的方向。在制订计划的同时，企业管理者还需要在试验与规模化、投资集中度、近期目标与远期目标、中心化程度四个方面进行权衡，使计划更加科学合理。

（二）预测行业发展方向

尽管信息技术持续发展、数据规模爆炸式增长增加了预测行业未来发展方向的难度，但成功地预测科技在行业未来发展中的应用以及数字原生企业带来的威胁并非不可能。以汽车行业为例，几年前业内人士对汽车行业未来的电气化趋势以及自动驾驶技术的出现早已形成共识。以通用汽车和特斯拉为代表的公司快速应对，及早投入研发，目前已经占据了市场领先地位。

（三）明确公司定位

公司定位包括四个方面。一是愿景，即公司要达到什么样的目标，为了实现目标公司要以怎样的速度发展。二是市场，即公司要为哪个客户群体服务，公司希望处于价值链的哪一环节。三是商业模式，即公司要开发新的商业模式来适应数字化转型后的变化，还是沿用并改良旧的商业模式。四是核心资产，即公司要评估目前拥有的核心资产和核心技术能否支撑公司在未来的商业环境中脱颖而出。

（四）“变革浪潮”与“垫脚石”

一旦企业形成了清晰的愿景，下一步就是将其付诸实践。当前，数字化发展迅猛，传统的行动计划往往起步过晚且过于固化。为弥补这些缺点，企业管理者要应用“变革浪潮”与“垫脚石”的概念对传统的行动计划作出调整。“变革浪潮”指的是在实现未来理想状态前，企业必须经历一个持续不断的发展过程。“垫脚石”是指企业在启动数字化变革后，必须采取的第一步行动。因为有时，只有在采取第一步行动后，第二步才会豁然开朗。比如 Uber，它最初是一个豪华轿车和出租车打车的应用，两年后，才依托手机平台，将数百万名司机连接，形成了我们熟悉的汽车共享平台。

二、商业模式

企业的数字化战略需要通过具体的商业模式落地。商业模式涉及四方面因素：客户与渠道管理、产品与服务、盈利模式以及运营管理。

（一）客户与渠道管理

数字技术的发展使得只有能够提供卓越的产品和服务的企业才能够在市场上立足。如今，信息传播速度更快，行业透明度随之增加，客户对企业提供的产品和服务的预期大大提高，逐渐形成了“赢者通吃”的局面。

同时，数字技术的应用也可能向消费者暴露出部分企业内部经营管理不善的问题。企业管理结构松散，信息沟通不畅，产品频繁被召回等问题都能够通过数字技术暴露出来。因此，成功的数字化商业模式设计的关键原则在于采用端到端的客户服务模式，以客户需求为导向，简化企业经营管理程序。

数字化变革也对企业进行消费者需求调查的能力提出了新的要求。因此，在一项产品被开发出来之前，客户往往并不能意识到自身的潜在消费需求。单纯询问客户需求、倾听客户意见的传统方式已经不再适用。企业的管理人员需要花费大量的时间明确自己的目标客户及他们的特质，研究目标客户的行为，挖掘出他们被抑制的潜在需求。只有这样，企业才能为客户创造出真正满足他们需求的卓越的产品和服务。

（二）产品与服务

数字技术和新型数字企业重塑了产品和服务的研发过程。第一，产品研发不再是对现有产品或服务的增量改进。数字化商业模式在产品研发过程中的重点是大胆创新与反复地“测试并接受反馈”。第二，企业与客户的互动方式也有所改变。数字技术嵌入产品内部，为企业研发部门提供有关产品使用的实时反馈信息，建立了公司直接与客户沟通的新渠道。也就是说，企业将软件开发的思想运用到产品设计上，企业首先为客户提供一款基本能够满足他们需求的初代产品，然后分析客户使用产品时产生的实时数据和信息，不断对初代模型进行优化。

在新的产品研发模式下，传统企业成熟的管理机制和多年的行业经验反而成为它们与数字原生企业相比最大的劣势。在新产品研发过程中，传统公司很难在盈利模式尚不明确的情况下进行大胆创新。同时，公司过去的成功经验也会干扰它们专注于客户的原生需求。例如，黑莓手机上的点击式转盘和键盘曾是客户最钟爱的设计，公司也理所当然地认为这是它们的竞争优势。所以在触屏技术出现时，公司并没有关注客户对于手机使用便捷性的原生需求，仍然坚持其原有的设计，导致在后来的竞争中全面落后。

（三）盈利模式

企业盈利模式相对固化。尽管企业家们正在不断寻找新的盈利模式，但最主流的模式仅有以下三种。

一是平台模式。平台作为一种媒介形式，利用技术优势连接供给者与消费者，增量成本极小，但潜在价值极高；随着使用次数的增加产生网络效应，出现“赢者通吃”的现象。开放银行属于典型的平台化商业模式。

二是即时服务模式。运用数字能力在云端进行即时分析服务。这种模式要求企业时刻都能证明自己的价值，以保证客户的黏性度。

三是“免费增值”模式。提供免费与付费两种版本，用免费的样本为付费服务做营销，付费会员享受增值服务。

这三种新型商业模式已经威胁到了老牌企业的地位。目前世界上最具价值的公司里，70%的企业都是以平台作为其盈利模式。但试图在传统企业里建立新的盈利模式并不能达到预期效果。全新的盈利模式对企业组织架构也提出了全新的要求，传统的企业组织架构过于僵化，难以适应全新的盈利模式。

（四）运营管理

运营管理是将企业战略目标落地最关键的“最后一公里”。无论是对原有商业模式进行变革，或是采用新型商业模式，运营管理都是至关重要的。对企业运营管理方式进行数字化改造包括三个步骤：一是寻找最优的数字化解决方案进行投资建设；二是整合若干技术手段使其与企业运营模式紧密结合；三是对原有运营管理程序进行简化，重新设计上下游流程，避免进一步增加管理的复杂性与重复建设成本。只有全部完成以上三个步骤，数字化运营管理方式才能发挥出最大的价值。

企业发展战略也要与数字化运营管理方式紧密结合。一方面，数字化运营管理方式能够尽早明确企业定位，有效降低采购、生产、供应链管理等方面的成本。另一方面，统筹企业发展战略与数字化运营管理方式能够使企业运营更具灵活性，及时有效地发现生产流程中需要改进的环节并进行精准投资建设。

三、驱动因素

驱动因素是企业变革的引擎。这些支持因素包括数据获取与分析、系统和技术、人才和公司文化以及企业运营理念。它们紧密相连，同时发力，推动企业实现愿景。但企业常常一次只专注于其中一个因素，而忽视了它们之间的联动关系。

如同企业在经历变革，驱动因素也在变革。数据获取与分析原来只应用于某些特定业务，并只能用来做回溯分析。如今，数据获取与分析技术还能够进行预测分析，全方位地为企业决策提供依据；同样地，科技部门曾是一个相对独立的后台部门，现在科技应用已经扩展到了企业经营的各个方面。人才培养和公司文化同样如此，传统的用人标准已经无法满足企业需求，多功能复合型人才是最优选择。

（一）数据获取与分析

卓越的企业管理者从价值入手，而非数据。他们首先明确新价值的来源，再决定如何通过数据去捕捉这些价值。以阿里巴巴为例，作为世界领先的电商企业，它能够从4.54亿用户和4500亿美元的交易中提取自己所需的信息，把支付、财富管理和金融三个端口的数据集中起来进行分析，为自己的网络零售业务服务。

要发挥数据分析在经营决策中的作用，企业还要具备多种条件和能力。企业需要拥有获取和分析数据的基础设施，具备用于开发和改进算法的一套可扩展的流程，更需要能够进行数据分析的人才、理解数据分析功能的高级管理人员，并时刻谨记把数据分析充分融入日常的决策流程。

（二）系统和技术

数字化商业模式的兴起将技术改革提上了战略议程，但技术改革通常会面临瓶颈，曾经推动一个商业模式成功的技术对下一步创新并无借鉴意义。据统计，目前，只有25%的技术转型是成功的。

成功的技术改革需要两方面因素的合力，一是适应数字化发展的组织架构，二是科学的运营模型。一个支持灵活、能够跨部门合作的组织架构能够对环境变化快速作出反应，同时保留公司原有的规模效应优势。一个科学的运营模型能够运用先进科技，发现企业经营管理中的薄弱环节，并充分有效地进行资本投入。

（三）人才队伍与公司文化建设

鼓励创新、支持交流合作的企业文化能够吸引和留住人才。员工希望自己的价值被认可，希望能够获得跨部门工作的机会使自己的能力得到更好的锻炼。企业应该重视这些需求，并建立能够满足这些需求的企业文化。数字技术也为员工管理提供了新的方法。公司可以利用数据分析的方法将员工细分成不同的类型。不同类型员工的需求和动机各不相同。公司可以根据他们不同的需求，制定不同的管理办法。另外，企业也要设计有吸引力的薪酬福利制度，既包括目标导向的奖励机制，也包括多样化的培训机会和有前景的职业发展通道。

招揽顶尖科技人才可以推动企业实现数字化转型，但帮助现有员工不断学习新的技能，适应新的工作环境才是更明智的办法。波音、戴姆勒等公司纷纷使用虚拟现实等技术对工人进行再培训；许多公司也发现“顶点课程”在发展员工软技能方面效果显著。

（四）运营理念

在数字时代，成功的运营模式意味着行动和决策速度的改善、跨部门合作能力的提升、与外部合作伙伴更频繁的合作以及有效的风险管理。数字化企业运营理念相对于传统企业有了四个方面的改进。

一是去中心化运营机制。不同于传统的工作机制，去中心化运营机制需要企业管理层建立数字化项目的协调监督框架，但将具体的执行和决策权留给业务部门。管理层利用其对行业格局的把握和对公司整体情况了解的优势统筹规划数字化项目，推动和规模化有前景的项目；当项目获得管理层的认可后，再由业务部门负责开展具体工作。这种方式既避免了不同项目之间资金分配不合理的问题，又保证了项目的执行由最合适的人选来承担。

二是建立一个支持交流合作，鼓励承担风险的灵活的管理体系。频繁的跨部门协作使得层级分明的工作汇报机制已经不再符合数字化企业的管理要求，取而代之的是通过公司治理和激励机制提高员工的贡献度。鼓励员工勇于承担风险的需求也对传统的运营模式提出了新的要求。尽管还没有完善的解决方案，但研究表明，将绩效与承担风险捆绑，设立独立的创新试验基金，培养从失败中汲取经验的公司文化，都是提高员工风险偏好的有效手段。

三是建立跨部门协作的工作机制，促进创新发展。仅将科技元素注入公司现有经营管理模型并不能完成企业数字化转型。只有重新设计运营架构，围绕客户或产品建立跨部门工作机制，才能彻底解决目前企业各部门之间缺乏沟通、单打独斗的问题。

四是积极融入企业生态系统，拓展企业能力边界。在数字化时代，企业需要具备敏锐识别、建立、接纳并有效管理战略合作关系的能力。通过建立战略合作关系，企业可以拓展其能力圈，有效应对外部竞争。

四、统筹协作

试验简单转型难。数字化转型总是从试验开始，控制在一定范围内，获得专项资金、顶级人才以及领导层强有力的支持。在这一阶段，企业容易取得成功。但规模化却是一项艰巨的任务。对很多执行者来说，他们过去所具备的经验不足以支撑现阶段的转型，为了成功转型，有五种要素是必备的。

（一）规模化应用能力

为了解决转型计划从试验环节到规模化应用的衔接问题，企业需要从一开始就思考如何将转型计划规模化应用，并将整体计划分解成一个个简单、可执行的最基本的任务单元。每一个任务单元都要求短期内可以完成并且能够及时收到反馈。同时，启动多个任务单元的试验并进行动态管理能够有效提高整体计划的成功率。企业管理者要及时在不同的项目组之间分享成功经验，调整预算，改变发展计划，甚至关停效果不佳的试验，最终将转型计划全面应用。

（二）良好的公司治理结构

对于初创企业，良好的公司治理由确定业务优先级与设定警戒线，以及创新工作方式两部分组成。设定警戒线、确定业务优先级之后，企业可以将部分职能和决定权下放，从而快速应对市场变化，同时也避免产生混乱。下一步，企业要逐步建立起“大胆尝试，敢于失败，及时止损，重新排列业务优先级”的工作方式，以支持企业不断创新发展。

对于已经具备一定规模的企业，需要设立有效的绩效考核指标体系，采用正式、规范的程序定期评估公司面临的形势，动态调整公司战略。传统的绩效考核指标体系以季度为周期对业绩进行衡量，这一频率已经不能满足数字化企业的需求。数字化企业需要的指标体系要能够快速反映新产品和服务在目标客户中的渗透率，准确测算出哪些项目不宜继续投入。通过定期评估，企业能够明确希望把握的机会并及时关停面临失败的项目，有效调整资源的分配。

（三）领导力与社群效应

企业数字化转型可能会让业务团队不寒而栗，也让企业领导望而却步。领导层需要以身作则，梳理新工作方式典范，也要花时间激发组织内部和外部力量，形成社群效应。

企业数字化转型不仅涉及企业内部员工，也会影响与之相关的各种外部群体。企业管理者应该充分利用沟通交流的力量，让内外部利益相关方都参与到交流中来，使得雇员与客户、供应商等外部人士的信息有效整合，产生社群效应。

（四）融资以及投资者管理能力

开展数字化转型项目融资工作将面临两方面压力。一方面是企业内部压力。与传统项目相比，数字化转型项目不具备清晰的盈利模式，风险也较大。因此，如果按照传统标准进行评价，数字化转型项目无法与传统项目相比。另一方面是企业外部压力，主要来自投资者。投资者对于用于数字化转型的资本开支通常持负面态度。

对于数字化转型项目融资面临的内部压力，企业管理者要明确预算来源与资金量大小的问题，还要回答风险如何界定、资源如何分配以及最终成败如何衡量等问题。解决这些问题的核心在于权衡和妥善处理公司核心管理团队与各个业务条线的关系。

对于外部压力，最重要的是与投资者沟通。企业要决定在多大程度上对外披露数字化转型及其项目的进展，从而提高投资者信心，使投资者相信企业数字化转型最终能够取得成功，并继续保持数字原生企业所不具备的竞争优势。

（五）多方协作能力

新兴技术既有益处，也有风险。引领变革的企业有责任与全球共同体合作，共同建立新的治理标准。为此，企业需要承担五方面任务。一是致力于解决客户原生需求，传达更广泛的使命感。二是将客户利益纳入数字化改革规划，为客户接受新兴技术提供便利，以保障品牌美誉度与企业信誉。三是鼓励企业生态系统内的各利益相关方共同参与数字化转型。四是为企业内部员工建立行为准则和业务规范，使员工在面对新形势、遇到新问题时，仍然能够作出符合公司愿景的决定，避免发生信誉危机。五是积极参与数字公共产品和服务的开发工作，对数字经济的监管与治理提出建设性意见。

五、结语

数字技术是危机，也是转机。数字技术使得企业能够大规模扩张，对行业带来颠覆性的挑战；同时，数字技术又是激发创新、奠定未来繁荣的基石。企业领导团队急需大力发展数字化企业文化，革新传统运营机制，以全新的技能迎来爆发式增长。

（作者单位为中国人民银行金融研究所）

美国两院 Libra 听证会
侧面彰显数字货币发展大势

杨　东

美国社交网络公司 Facebook 加密货币项目 Libra 的白皮书于 2019 年 6 月 18 日正式公布。Facebook 在其白皮书中曾言，Libra 的使命是“建立一套简单的、无国界的货币和为数十亿人服务的金融基础设施”。

它的基本架构由三部分组成：一是作为底层技术基础的区块链；二是作为稳定价值来源的真实资产储备；三是作为第一推动力和附能机制的 Libra 独立协会。

如果 Libra 白皮书写下的目标能够实现，那么世界货币的价值体系将会迎来重构。Libra 很可能在某种程度上成为真正的世界货币。虽然离这一目标依然很远，但是 Libra 白皮书的发布可能是万里长征的第一步。

美国参议院银行委员会与众议院金融服务委员会均就 Libra 项目召开了听证会，从隐私保护、反洗钱措施、消费者保护、金融稳定等多个角度对 Libra 项目的可行性与合法性提出了诸多质疑。而听证会中的问题也不只是针对 Libra 项目本身，在质疑 Libra 项目无法符合监管要求导致严重风险的同时，议员们也由于 Facebook 之前的数据泄露问题尚未彻底解决而认为 Facebook “无法信任”。

笔者认为，美国多位议员此前虽“叫停”Libra 项目，但是议员并未通过国会立法对 Facebook 发币行动加以明确禁止，其“叫停”行为并不具有法律强制效力。听证会中监管部门流露出的负面评价可能延缓 Libra 的正式发行时间，Libra 项目负责人马库斯也表示在没有得到美国监管当局的认可前不会正式推出 Libra 项目，但是发行数字货币的全球趋势并没有因此而改变。更何况，在听证会中议员 Patrick McHenry 也表态，“不能因为我们暂时无法理解技术创新，就选择禁止……我们不应该去阻止这种创新，而且政府也无法阻挡这种创新，政府应该思考如何去合理的监管”，这也从侧面透露出国会并没有达成全面封杀的统一意见。美国的监管部门虽然总体上不看好 Libra 项目，但是监管态度仍不明确，还需时间进一步观察。

然而，我们不应拘泥于 Facebook 能否最终满足监管部门的政策要求，而是应当看到 Libra 项目的巨大潜力以及对我国潜在的影响。当今，对数据的争夺已成为中美国际竞争的一个关键点，Facebook 应用区块链技术构建国际支付体系便是一个和平的争夺数据的战略。面对数据垄断挑战，中国应提早做好防范措施。

一、货币发展的五大趋势

回顾货币从实物货币到密码货币的形态演化，主要有五大明显的趋势：

1. 货币没有终极形态。尽管人类历史会在很长一段时期内普遍使用某种货币形态，如黄金、铸币或纸币，以至于人们认为这是货币的终极形态，但随着人类技术的发展，货币形态也会革新。

2. 货币形态向着越来越便捷、安全、低成本的方向演进。无论是作为交易媒介还是价值尺度，人们对货币形态的期待是越来越便捷、安全和低成本。一旦有能满足这种期待的新技术（如纸张、计算机、互联网、密码技术等）出现，货币就会演化出新的、更好的形态。

3. 货币形态越来越脱离自然。从商品货币到纸币，从实物货币到记账货币，从实体记账到电子记账，货币越来越摆脱自然实体的束缚，朝着更能自由快速流通的观念形态和社会形态演化。

4. 密码货币是当前货币形态的发展趋势。运用非对称密码技术进行货币的确权和转移，能够以更加低廉的成本带来更高的安全性，借助于互联网技术，能够显著改进货币的便捷性，提高安全性，降低成本，因此是近期货币形态发展的必然方向。

5. 密码共识货币、密码法币和密码代币的试验和竞争还将持续。在密码货币中，密码共识货币具有不依赖任何组织信用的去中心化特征；密码法币是对成熟的法币体系的密码化改造；密码代币则是哈耶克所设想的基于私人信用的市场竞争货币。这三种密码货币形态都仍在试验中，在未来的货币体系中，谁是主流，现在还无法判断，需要等待实践回答。

二、Libra 有望成为世界货币

如今 Libra 作为便捷、安全、低成本的以区块链为基础的数字加密货币，如果其在白皮书上写下的目标能够实现，那么世界货币的价值体系将会迎来重构。

Facebook 本身就已经依托 27 亿用户群体掌握了数字时代全球的一个大规模数据流量入口，而通过将这 27 亿人部分纳入甚至完全纳入 Libra 的体系架构，Libra 的发展又与上述货币的形态演化趋势相符合，故 Libra 很可能在某种程度上成为真正的世界货币，它的价值与可靠性会超越主权的限制，最终，许多金融市场基础设施不够完善的国家的货币主权会直接受到数字货币的冲击甚至被取代。

而对于可能成为世界货币的 Libra，我们想要在更高维度理解其机理，还需要从金融以及政治哲学的视野下审视其本质。

从金融视野上看，一旦 Libra 被最初的推动力赋能并运作起来后，凭着互联网的便捷与巨大裹挟能力，越来越多的人开始将自己真实的资产兑换成 Libra，并在生活和生意中日益依赖 Libra 这种媒介，而不再关心自己的真实资产被托管在什么地方以后，Libra 就演化成一种与银行完全相同的机制，其在金融领域的后续发展不可估量。

从政治哲学视野上看，现代政治哲学构建秩序共同体时需要解决的首要难题是塑造安全。在各种版本的自然状态中，论者最终目的都是为通过劳作取得的财产提供安全的保障。“安全—服从”成为现代政治的核心逻辑。Libra 架构的第一层就是通过区块链技术为财产、信息提供安全。这种安全不是别人给予的，而是财产或信息的拥有者通过区块链技术自己创造的，这也就意味着自己服从自己。

政治哲学史上一直有无政府主义的脉络，并以自由为最核心追求。如果真能实现自己为自己提供安全，那便意味着取消了“安全—服从”的现代政治逻辑，服从自己就是享受自由。

Libra 架构的第二层就是铸造货币是主权国家的内在权力之一。国家可以宣布某种货币为其辖内的唯一货币，但却不可能强制人们使用这种货币，国家所能做的只是帮助人们塑造对主权货币的信心，引导人们自愿使用。这也就意味着，制造假币是赤裸裸的违法，但对人们信心的争夺并不是对国家权力的侵犯。Libra 并未宣布自己是货币，反而表现出对各主权国家铸币权的最谦卑态度。在听证会中，马库斯反复强调 Libra 仅仅是一种支付工具，绝不会抢夺法定货币的地位，也不会让 Facebook 成为实质意义上的中央银行。在马库斯对于政府监管将姿态放得如此之低的情况下，很难想象 Facebook 在相对较长的一段时间内会和监管当局发生正面冲突。

在互联网营造的全球一体化世界中，对人民信心的争夺已经变得合法且激烈，主权国家必须作出抉择，或者将自己的人民隔离在外或者主动加入争夺。毕竟，世界政府与世界和平是人类政治最后一个未解难题。

因此，Libra 在金融和政治哲学这两个更高维度上都有望成为真正意义上的世界货币，越多人使用这类货币，就意味着越多流量进入，即在更高维度上争夺数据流量入口。当前中美在贸易摩擦当中对于数据的争夺、对于流量入口的争夺，可能是新一轮的国际竞争的核心。我们必须要考虑到国家的最高利益，争夺未来可能变为最重要的国家战略资源。而这种争夺不只是国内的数据资源争夺，可能更重要的是需要考虑全球的数据资源、战略资源的抢位问题。

当今，通过构建数字生态体系可以占领数据界的新大陆，Facebook 通过发行 Libra 已经开始尝试，并试图通过 Libra 在更高维度上争夺数据流量入口，而这将对支付宝和微信支付乃至中国的货币体系产生巨大的冲击。尤其是马库斯在发布会上明确表态，Libra 会和支付宝与微信支付直接竞争，这更为这两家中国移动支付巨头敲响了警钟，宣告墨守成规就能占据行业龙头的时代已经成为过去式。

三、严监管难改数字货币发行趋势

对于数字货币的大规模发行，各国现在往往普遍采取审慎监管的态度。美国证券交易委员会等监管部门在密切关注数字货币的同时，将数据层（DAO）等模式认定为证券发行并进行监管。美国金融业监管局对于数字货币类似的交易经纪人（Broker - dealer）申请也非常谨慎，目前申请已经积压很多，也没有成功获批的案例。

我国对于发行数字货币也基本上维持一种负面视角，在首次代币发行（ICO）

被我国全面禁止之后，国内对于数字货币的控制极其严格，尤其是在 2017 年 9 月 4 日人民银行禁止 ICO 比特币交易对市场产生了重大的影响。当时笔者就认为，大量的 ICO 出海会导致中国的企业被束缚住。融资发行 ICO 就是众筹，而正是因为众筹才有了比特币的升值，才引发区块链的热潮。而现在的许多数字货币交易所倾向于在海外开展原有业务，通过这些数字货币交易所，国内依然可以在海外购买数字货币，这既导致了资金外流，也导致监管难度极高。

2019 年 7 月 3 日，美国国会众议院金融委员会的多位议员致信 Facebook 公司高层，要求该公司暂停 Libra 项目，直到美国政府监管机构和国会有时间去考虑各种相关问题，包括黑客攻击的风险、数据安全、全球金融安全等。在听证会上，对于 Libra 项目的质疑声音也不绝于耳，甚至有议员明确表示在监管部门满意之前要“叫停” Facebook 的发币计划。要求停止的理由出自很多方面，最为直接的理由甚至是“不信任 Facebook”，也有议员认为这么大规模的项目要一边运行一边修改违规之处是不可能的，只会导致异常严重的社会性风险。

笔者认为，美国多位议员虽然在发布会上对 Libra 项目从多角度提出质疑，甚至猛烈抨击 Facebook 的项目过于危险，但是议员的表态毕竟和国会立法明确禁止有很大的区别，没有法律强制效力。听证会中监管部门流露出的负面评价可能延缓 Libra 的正式发行时间，但是并不会改变发行数字货币的全球趋势。

从听证会中可以看出，尽管监管正趋于严格，但是 Facebook 发币项目 Libra 所对应的数字货币的发展趋势正势不可挡。在听证会上，一些议员甚至不怀疑数字加密货币是否应该被推出，而是多次强调对 Facebook 的不信任，质问“凭什么是 Facebook 发行数字货币”。而作为其基础技术的区块链技术自 2014 年（比特币风靡）开始，得到了广大金融机构的认可与应用，甚至影响了监管部门的监管思路与立法者的各方利益权衡。运用区块链技术“去中心化”特性发行的数字货币，将深刻地影响传统银行业、保险业、证券业等诸多产业。

在数字货币迅猛发展的大背景下，笔者相信监管将进一步严格、规范、干净、透明地规范市场，为数字货币的进一步发展打好坚实基础。

四、我国应及早应对数据垄断挑战

作为全球最大的互联网社交公司，Facebook 在 2019 年实现了 27 亿月活跃用户数量（MAU）和 21 亿日活跃用户数量（DAU），Facebook 几乎垄断了社交媒体，并在其主要市场上与谷歌一起形成了双头垄断，控制着 82% 的数字广告市场。而 Facebook 近年来深陷数据泄露、隐私威胁丑闻，进一步加剧了公众对其数据垄断地位的担忧。

当前，数据垄断现象是互联网行业应当高度重视的问题。例如，BAT（百度、阿里、腾讯）等互联网平台之所以在数据层面占据“市场支配”地位，是因为其通过自身营造的网络生态系统汇聚了海量数据信息，进而形成了网络效应。部分平台对数据的控制提高了市场进入壁垒及转换成本，带来了赢者通吃的局面。在数据垄断危害小微企业创建和成长的同时，拥有数据垄断优势的企业将成为最大的市场支配者。此外，若行业头部平台各自为营，只注重构筑自身的数据护城河而忽视开放共享，也不利于应对如 Libra 这样的外部挑战乃至降维打击，更不利于保护我国的金融消费者。

具体来说，对平台滥用市场支配地位等数据垄断行为的反垄断法规制属于事后审查，具有滞后性和被动性，除了加强对平台跨行业并购整合数据行为的事前审查之外，优化数据的开放分享机制也是促进我国互联网行业竞争的关键之举。对数据的争夺已成为中美国际竞争的一个重要层面，Facebook 应用区块链技术构建国际支付体系便是一个和平争夺数据的战略。

笔者认为，面对数据垄断挑战应当从以下几个方面加以应对：

第一，构建数据开放共享机制以赋能数据，推动大众分享数据经济红利。如同推动工业时代向前迈进的石油一样，数据成为发展数字经济的关键生产要素。由于在数据权属配置、交易制度设计等方面存在争议，数据的流动分享机制构建迟滞，需要借助新的工具以充分调和个人与企业数据权利的内在冲突，激发以数据为核心的数字经济的新动能。

第二，构建个人数据可携带权，以此撬动企业之间的数据流动。《欧盟通用数据保护条例》为加强个人对数据的控制赋予其数据可携带权，不仅便于个人在其他企业处获得个性化定制服务，同时也能够促进数据共享、推动企业间竞争。数据可携带权的实现需要付出一定成本确立通用的数据传输格式，如果一刀切地在整个行业实行，对于规模较小的企业而言合规成本较高，可能仍然导致其处于竞争劣势地位。因此，应当事先调研相关行业的市场集中度情况，依此推行数据可携带原则。

第三，构建企业数据权利的责任规则。如果愿意为一项法授权利支付被客观确定的价值，那么可以消灭此项法授权利即为责任规则。而通过自由交易以卖方同意的价格购买法授权利则为财产规则，对应为赋予企业数据权利并开展大数据交易。但是，鉴于数据价值难以评估、转让，法律规范不甚明确，逐一谈判大幅提高交易费用，相关交易并不活跃，这也是导致数据封锁相对容易的原因。如果通过额外的国家干预，事先确立公允价值允许按照责任规则获得数据，将有助于数据自由流转。

我国也需要加强对区块链等技术的研究与应用，完善数据的开放共享机制，因为消除信息孤岛与壁垒的最好方式是将其淹没在数据充分流动的汪洋之中。

五、共票开创中国数据共享新时代

Facebook 发币项目可能带来新一轮数据垄断，需要以有效举措加以应对，当下更应当以一种崭新的姿态主动打破数据垄断、促进数据的开放共享与赋能，共票为数据的共享、开放、赋能提供了新思路、新方法、新模式。

共票的英文是 Coken，这是笔者创造的一个新英文单词，它区别于 Token。Token 只是一种计算机用语，只是一种权益的证明或一种标记标识，不足以表达基于移动支付的技术产生的货币相关的数据与流量数据的价值，尤其是数字经济时代最大的价值体现就是数据。“共票”，一即“共”，是指凝聚共识，共筹共智，是能够真正共享的股票；二即“票”，是代表支付、流通、分配、权益的票证。共票追求的是实质上的共享，要通过制度的变革和机制的创新来打倒垄断资本。

共票具有以下特性：一是增长红利分享的功能，以吸引系统外部参与并贡献内部系统；二是流通消费的功能，以便利系统上资源配置优化；三是权益证明的功能，是凝聚系统共识的机制与手段。

特别地，共票对数据开放、共享意义重大。区块链技术能为数据赋权，确定数据的归属与确权，而共票能够为数据赋能，可以作为大众参与创造数据的对价，使大众分享数据经济红利。大众通过共票参与数字经济，将为数字经济赋予新的价值和新的发展驱动力。

区块链上理想的共票，应当符合的标准：自身逻辑完整清晰、应用场景有实际价值、对实体经济能有所贡献，同时，合理利用区块链保存并传递价值，还应当能够兼顾到数据的传输和共享。其中，最为核心的要点是能够在数字生态的虚拟环境中更好地完成资源和权利的分配，并且相应的社区或社群的规则的建立与修改具有较为完善的民主化机制，实现良善的自治和自律。只有这样，才能通过共票和区块链在某种意义上取代股份制，从本质上去颠覆传统的股票、金融衍生品的模式，采取新的基于区块链的更高效、更低成本的金融模式，带来对生产关系的终极变革。尽管目前理想中的共票还没有得到完全实现，但是，区块链的价值、互联网性质与潜力蕴含了实现理想共票的可能性。

总而言之，面对 Facebook 的发币计划，我国完全可以以共票的理论及机制积极应对 Facebook 发币下产生的新一轮数据垄断风险，并更好地将区块链和共票进行结合，开创数据共享新时代。

数字经济发展及数据的发展与利用不仅是中国的问题，更是世界大背景下的重要议题。中国应在吸收借鉴西方先进经验的同时，更多依靠中国业界、学界及政府共同努力，探索出一条具有中国特色、适合中国国情的数据发展道路，并力争在以“新技术 + 经济”为基础的新一轮全球创新竞争中成为数据发展的新的领导者。

（作者系中国人民大学国家发展与战略研究院金融科技与互联网安全研究中心主任）

国际货币基金组织关于
全球金融科技发展的最新调查及其启示

肖　翔　靳亚茹　沈昱成

一、报告背景

2018 年 10 月，国际货币基金组织和世界银行联合发布《巴厘金融科技议程》，提出 12 个重点议题（见表 1），为各国制定国内金融科技政策提供分析框架，帮助成员国充分把握金融科技快速发展带来的益处和机遇，同时积极应对可能与之相伴的风险。

表 1　《巴厘金融科技议程》重点议题：平衡机遇与风险

重点议题
一、拥抱金融科技的潜力
二、利用新技术扩大金融服务提供
三、强化竞争，加强对开放、自由和可竞争市场的承诺
四、通过金融科技来加强普惠金融、发展金融市场
五、对持续发展变化的金融体系保持密切监测，深化理解
六、调整监管框架和监督实践，以实现金融体系的有序发展与稳定
七、保障金融体系的健全
八、实现法律框架现代化，为金融科技活动关键事项提供有利法律环境
九、确保国内货币金融体系的稳定
十、建设稳健的金融和数据基础设施，以维持金融科技的优势
十一、鼓励全球合作和信息共享
十二、加强对国际货币金融体系的集体监管

《巴厘金融科技议程》旨在加深对技术创新如何改变金融服务提供，以及如何影响金融效率、金融稳定和普惠金融的理解。研究认为，金融服务的产生是为了满足用户支付、储蓄、借贷、消费和投资需求，管理所有此类活动的风险，并获得有关如何最好地处理所有这些服务需求的建议，而技术创新改进了金融服务的提供（见图 1）。尽管当前金融科技公司在金融服务市场中收入占比较小，但其对创新的贡献较为突出。金融科技公司的专利申请在整个金融业中的占比是

其收入规模占比的 2 倍。与此同时，金融科技的发展也引发了反洗钱和反恐怖融资等问题。

基于上述背景，国际货币基金组织于 2019 年 6 月发布《金融科技：迄今为止的经验》报告。报告基于 96 份不同国家和地区的调查问卷，梳理了全球金融科技区域发展现状，具体回应了《巴厘金融科技议程》提出的 12 个重点议题，并深入探讨了监管沙箱、加密资产、支付与结算系统、数据治理框架、法律事项、监管制度安排和中央银行数字货币等 7 个金融科技领域的关键主题。

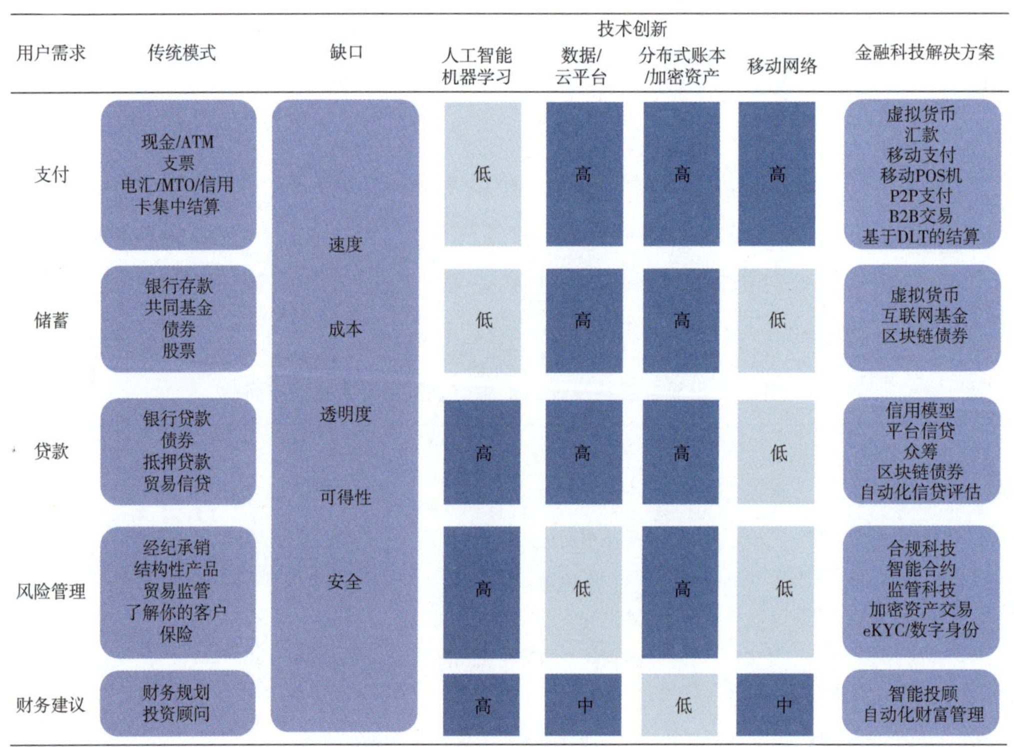

图 1　金融服务的演化

（资料来源：国际货币基金组织）

二、全球各区域金融科技发展现状

报告指出，亚洲金融科技发展取得全面进步。金融科技应用由支付扩展到信贷、保险和投资等领域。中国、孟加拉国、印度尼西亚等国家的大型科技公司已成为金融服务的重要提供方，给传统金融机构带来巨大竞争压力。部分金融科技产品引发了消费者保护问题，带来金融稳定层面的担忧。目前，监管部门通过设立监管沙箱、发展监管科技、颁布数字借贷和股权众筹相关规定等举措，平衡金融科技的发展和风险。

欧洲金融科技市场正不断发展，但发展不均衡，非欧盟国家在金融科技应用方面落后于欧盟国家。法国、卢森堡、瑞士和英国等欧洲国家积极鼓励金融科技创新。欧盟发布的《通用数据保护条例》（GDPR）和《欧盟支付指令（第二版）》（PSD2）两项核心监管原则的效果有待进一步检验。尽管对金融科技初创企业的投资有所滞后，但欧洲现有金融机构正在积极采用新的金融科技，欧洲是数字支付的领先地区。

撒哈拉以南地区移动支付快速发展，给金融服务的提供方式带来根本性变化，有效促进了普惠金融发展。不同地区金融科技的发展存在较大差距，但差距在不断缩小：东非地区金融科技产业在融资方面占据优势地位；在南非和中非地区，通过数字化渠道提供金融服务的普及程度有所提高，但存在进步空间；西非地区各国都已准备好迎接数字化转型。金融科技相关立法有待进一步调整完善，以妥善应对数字金融带来的同质竞争、反洗钱和反恐怖融资、金融消费者保护以及数据隐私等挑战。

中东、北非、阿富汗及巴基斯坦地区、高加索及中亚地区金融科技应用起步晚，行业发展速度快、集中度高。埃及、约旦、黎巴嫩和阿联酋拥有阿富汗及巴基斯坦地区75%的金融科技初创企业，高加索及中亚地区金融科技活动主要集中在哈萨克斯坦。这些地区的创新主要集中在支付和借贷领域，金融科技相关政策主要关注数字基础设施、对移动钱包和加密货币等的审慎监管、消费者保护、网络安全、跨部门和跨境监管合作以及反洗钱和反恐怖融资等。

拉丁美洲及加勒比海地区金融科技起步晚，正处于加速启动阶段。虽然移动设备和互联网渗透率较高，但该地区移动支付使用率依然较低。在替代性融资方面，美国占西半球市场的97%，拉丁美洲及加勒比海地区大部分替代性融资是通过贷款活动而非众筹完成的。不同地区对金融科技的监管措施主要取决于各自金融和金融科技市场的规模及结构。例如，墨西哥引入了全新的金融科技法律，而巴西则将金融科技纳入现存的监管体制。

三、对《巴厘金融科技议程》12项重点议题的回应

关于拥抱金融科技的潜力，接纳当前金融科技的迅速发展及其深远社会经济影响，报告显示，三分之二的受访国家和地区意识到金融科技的潜在价值，并开始在国家层面实施相关战略，力求帮助金融科技行业提升融资、创新和应用能力，同时也关注金融消费者保护与教育。

关于利用新技术扩大金融服务提供，建设开放、可负担的数字与金融基础设

施及有利于金融科技发展的政策环境。多数受访国家和地区希望实现核心数字化基础设施服务全方位覆盖，但中低收入国家在应用创新支付技术及开放政府数据资源方面远落后于其他国家。

关于强化竞争，加强对开放、自由和可竞争市场的承诺，几乎所有受访国家和地区都期待金融科技在支付和清结算领域促进金融市场竞争，大多数地区已经或将在两年内实施公平、透明和基于风险的金融科技关键基础设施接入标准，涉及支付、征信、抵押登记、证券市场清算以及了解你的客户（KYC）等方面。

关于通过金融科技来加强普惠金融、发展金融市场，超过 60% 的受访国家和地区已将金融科技纳入国家普惠金融战略，且以中等收入国家为主。国家普惠金融战略以促进金融科技应用为中心目标，鼓励政务流程的数字化，搭建实现政府和公众交流的平台。报告补充，分别有 84%、73% 的受访国家和地区对金融科技在服务家庭个人、服务中小微企业方面的期望较高。

关于对持续发展变化的金融体系保持密切监测及深化理解，65% 的受访国家和地区都采取了一定形式的金融科技监管，范围覆盖了由支付系统、货币转移系统等引发的相关活动。报告还指出，目前监管范围仍有限，现有信息不足以全面掌握金融科技发展带来的风险。

关于调整监管框架和监督实践，以实现金融体系的有序发展与稳定，在所有受访国家和地区中，87% 的受访国家和地区正以各种方式提升金融科技监管能力；76% 的受访国家和地区对监管规则进行了调整，以应对金融科技带来的风险，维护金融稳定；50% 的受访国家和地区为金融科技公司的注册和准入设置了监管框架；45% 的受访国家和地区正积极推动监管科技。

关于保障金融体系的健全，63% 的受访国家和地区注意到与金融科技相关的洗钱和恐怖融资风险有所增加，并调整反洗钱和反恐怖融资规定，但只有 43% 的受访国家和地区真正落实了金融科技风险监测机制。

关于实现法律框架现代化，为金融科技活动关键事项提供有利法律环境，近三分之二的受访国家和地区认识到现存法律体系无法完全处理金融科技引发的问题，并意识到修正法律框架以应对金融科技创新的迫切性。这尤其体现在加密资产、P2P 网贷、移动支付、智能投顾、自主交易以及应用人工智能与机器学习技术的信贷行为上。但当前只有少数国家和地区完成了调整。

关于确保国内货币金融体系的稳定，约 20% 的受访国家和地区正在积极探索发行中央银行数字货币（CBDC）的可能性，但相关工作尚处于早期阶段。报告指出，各国和地区关注中央银行数字货币的主要原因在于中央银行数字货币可以降低交易成本、提高货币政策执行效率、缓解加密货币带来的压力、维持中央银行在支付市场的竞争力，同时能向社会提供无风险支付工具。

关于建设稳健的金融和数据基础设施，以维持金融科技的优势，约三分之一的受访国家和地区正积极探索分布式账本技术（DLT）在金融市场基础设施领域的应用。多数国家和地区已清楚认识到建立现代化数据治理框架的重要性。一半的受访国家和地区表示，现有的银行保密法和个人隐私法等可能只部分解决了当前金融应用在数据所有权、隐私保护、完整性和伦理方面的问题。

关于鼓励全球合作和信息共享，从标准层面看，分别有 68%、34% 和 29% 的受访国家和地区认为需要在加密资产、移动支付和 P2P 网贷领域制定全球统一标准。亟待加强国际合作的关键领域包括：网络安全（占 84%）、反洗钱和反恐怖融资（占 68%）、法律监管框架（占 63%）、支付与证券结算系统（占 41%）、跨国支付和监管框架（占 40%）。

关于加强对国际货币金融体系的集体监管，约半数受访国家和地区认为金融科技将主要在国际支付和国际汇款方面对国际货币体系带来重要影响。约半数受访国家和地区认为全球金融安全网络具有重要意义。

四、全球金融科技关键领域发展情况

（一）监管沙箱

许多国家和地区设立了监管沙箱以增强消费者保护、市场诚信和创新过程中的市场稳定性。半数监管沙箱设立在高收入国家，意味着市场环境和监管资源是设立监管沙箱的重要条件。部分国家，如印度尼西亚和波兰设立了跨地区监管沙箱，以促进跨境监管协作和信息共享。

报告指出，监管沙箱能够对政策制定提供一定参考，但不能成为平衡金融科技创新与监管的综合解决方案，可将金融科技加速器和创新孵化器等作为监管沙箱的替代或补充方案。理由包括：一是设立监管沙箱会占用监管稀缺资源，其运行结果和真正影响有待探究。二是不同国家和地区监管部门建立各自独立的监管沙箱，会对监管协同、信息共享和政策可持续性带来挑战。三是监管沙箱带来监管与市场的紧密交互关系，可能造成监管俘获（Regulatory Capture）。四是由于监管沙箱通常提供豁免以降低初始合规成本和市场壁垒，需采取措施确保测试失败不会危害监管目标。

（二）加密资产

大多数国家和地区认为，加密资产会给投资者带来风险，但尚未对金融稳定造成威胁。越来越多的国家和地区按照加密资产特点进行分类监管。许多证券监管部门已发布公开指南，明确应作为证券进行监管的加密资产类型。一些监管部门为加密资产建立了特殊监管框架，但多数监管部门主要采取个案处理的方式。大多数国家和地区都意识到加密资产与犯罪可能存在的关联，并通过监管加密资产服务商等方式应对反洗钱和反恐怖融资风险。

（三）支付与结算系统

在大额支付及证券结算系统方面，分布式账本技术应用具有一定可行性，并向着实时结算、扁平化结构、持续运转与全球覆盖的方向发展。报告指出，迄今为止，大多测试是在特定实验环境下完成的，需注意分布式账本技术尚未成熟。此外，测试项目很少评估大额支付与证券结算系统的风险，也几乎没有进行成本效益分析，难以判断基于分布式账本技术的系统是否能成为未来更高效的替代方案。

在零售支付方面，应用程序接口（API）、二维码等金融科技创新带来了支付系统的整体变革。这种方式将支付服务从基础账户中解放出来，使支付行为更加便捷高效。现有机构及新进入者将依据支付数据提供定制化支付工具，以吸引新的客户消费者群体。但在客户资金保护、反洗钱和反恐怖融资等方面需要制定相应监管规则。

（四）数据治理框架

数据被越来越多地用作商业应用的投入因素，突显了其对效率、稳定性、包容性和其他公共政策目标的价值和影响。数据的获取影响金融业新进入者挑战现有机构以及研发新产品的能力。数据的使用可增加金融体系的包容性，也可能带来金融排斥。数据的高度集中和网络风险给金融体系的稳定性带来潜在挑战。许多国家和地区已经或准备修订其数据治理框架，以有效解决个人隐私和消费者保护等问题。报告认为，合理界定各相关方的权利与义务，对构建良好的市场信用环境十分重要，建议制定公众信赖的数据治理及安全标准，防止数据遗失、损坏和未经授权的访问及滥用等，以促进金融科技健康发展。

（五）法律事项

一致、全面、可预期的法律框架是金融科技创新发展的关键。现行法律在应对金融科技发展方面仍存在不足，包括技术变革带来新概念的法律界定、科技变革相关活动的司法基础、风险损失的责任分配等。各国正在采取不同的策略以应对风险：一是提前评估金融行业的现行法律是否适用于现代数字化环境。二是发布法律改革草案，确保将金融科技行业纳入法律法规的监管。三是积极与私人部门合作，发布报告和文章，审慎探索金融科技发展带来的法律问题。

（六）监管制度安排

报告指出，金融科技监管职责分配往往遵循金融业的现有监管框架。目前，成立新的金融科技监管部门比较少见，金融科技监管责任大多分配给现有部门。一些监管部门同时负责支持金融科技创新，其负责监管与促进发展的双重身份所引发的角色冲突可通过确定目标的法律优先顺序等方式处理。不同国家和地区在促进金融科技发展与监管方面的侧重点不同，有些认为金融科技是促进普惠金融的有效途径，有些认为金融科技创新在挑战现有商业模式的同时帮助金融机构实现数字化。这些侧重点的差异可能会影响制度结构，包括政府人力资源分配等事宜。

（七）中央银行数字货币

部分发达国家与发展中国家的中央银行正在积极探索发行中央银行数字货币（CBDC）的可能性。发行中央银行数字货币的原因各不相同，是否全面使用取决于具体国情。在部分发达国家，由于现金使用率持续走低及潜在的流动性陷阱，中央银行数字货币被视作支付替代手段，还可促进支付市场竞争性，降低垄断风险。在发展中国家，关注点侧重于提高金融运行效率、促进数字普惠金融发展、增强市场诚信和提高监管质量。

五、重要启示

该调查报告是国际货币基金组织基于96个国家和地区第一手调研资料，对当前全球金融科技发展实践与经验的全面、系统总结，具有很强的参考借鉴意义。总结来看，该报告有以下几个重要启示：

一是全球主要国家和地区的金融监管部门重视金融科技的发展。当前，全球金融科技发展不平衡，亚洲和欧洲金融科技处于相对领先地位。全球主要国家和地区均已意识到金融科技在促进经济增长和普惠金融等方面的益处，并通过在国家层面实施相关战略、调整监管规则、设立监管沙箱、应用监管科技等方式平衡金融科技的创新与风险。

二是监管部门应平衡好金融科技相关政策优先事项。不同国家和地区对发展和竞争的重视程度不同，在促进金融科技发展和监管的侧重点上也有区别。对于监管部门来说，发展金融科技的政策目标不同，有的侧重于促进金融深化与普惠金融发展，有的侧重于增强金融稳定与市场公平竞争。这些政策目标之间有可能出现一定程度上的冲突，应依据国情稳妥处理。

三是发展金融科技要处理好基础设施的制约。应妥善解决相关基础设施制约因素，如法律框架不完善、通信基础设施缺失、金融基础设施落后、技术应用及产品服务标准规范不健全、政府数字化水平有待提升等，释放金融科技发展潜力。

四是做好数据治理与网络安全保障。随着金融机构、金融基础设施和消费者之间技术互联加深，数据安全和网络安全风险日益成为金融系统和金融科技应用面临的主要风险。应注重推动制定完善现代化的数据治理框架，明确各利益相关方的权利与义务，建立实施网络安全风险管理和运营相关措施，有效管理网络风险，提高金融体系运行韧性和抗风险能力。

五是持续关注金融科技对货币体系和金融稳定的影响。当前，金融科技在金融业总体规模中占比较小，对金融稳定的影响尚不突出。但监管部门仍需保持警惕，将金融科技企业和创新金融产品活动纳入风险监测覆盖范围，持续关注并评估不断变化的行业形势、市场参与者、商业模式、风险集中度等，构建安全、稳健、可持续和包容的金融体系，及时发现并有效化解其对货币体系和金融稳定的风险。

六是增强金融科技领域国际监管协调合作。面对跨境支付、加密资产带来的反洗钱和反恐怖融资的风险以及全球性网络安全风险和数据治理问题，不同国家和地区的监管部门应加强关于金融科技有效监管措施的讨论和合作，分享金融科技发展经验和最佳实践，推动金融科技领域国际标准制定，创造有利于金融科技发展的国际环境，同时减少因各个国家和地区监管规则不一致而带来的监管套利风险。

（肖翔系中国互联网金融协会战略研究部负责人，靳亚茹、沈昱成工作单位为中国互联网金融协会）